**진짜 친구는
나를
불편하게
하지 않아**

행복한 삶, 마음 Pick! ④
진짜 친구는 나를 불편하게 하지 않아

글 제시카 스피어 | **그림** 박지영 | **옮김** 조연진

펴낸날 2022년 12월 8일 | **초판3쇄** 2025년 10월 1일
펴낸이 김주한 | **책임편집** 조연진 | **책임마케팅** 김민석 | **디자인** Studio Marzan 김성미
펴낸곳 픽 | **출판등록** 제406-251002015000039호
제조국 대한민국 | **사용연령** 8세 이상
주소 (10881) 경기도 파주시 회동길 471(문발동) 몽스패밀리Bd. 301호, 302호

ISBN 979-11-92182-43-8 74190
ISBN 979-11-87903-96-3 74080 (세트)

이 책을 무단 복사, 복제, 전재하는 것은 저작권법에 저촉됩니다.
※ 잘못된 책은 서점에서 바꾸어 드립니다.

Peak을 향한 Pick_픽은 〈잇츠북〉의 교양서 브랜드입니다.

BFF or NRF(Not Really Friends)
© 2021 Jessica Speer
Original English language edition published by Familius.
Arranged via Licensor's Agent : DropCap Inc. All rights reserved.
Korean translation Copyright © 2022 It's Book Publishing Co.

이 책의 한국어판 저작권은 DropCap Inc.과 Icarias Agency를 통해 Familius와 독점 계약한 잇츠북에 있습니다.
저작권법에 의하여 한국 내에서 보호를 받는 저작물이므로 무단 전재와 무단 복제를 금합니다.

현명하게 우정을 가꾸는 법

진짜 친구는 나를 불편하게 하지 않아

글 **제시카 스피어**
그림 **박지영**
옮김 **조연진**

픽

차례

여는 글

1장 ·· 테스트! 나의 친구 관계는 건강할까? 8

2장 ·· 테스트! 나는 친구 관계를 잘 맺는 편일까? 20

3장 ·· 우정 피라미드 - 절친부터 가짜 친구까지 50

4장 ·· 내가 바라는 친구는 어떤 친구? 64

5장 ·· 어려운 감정을 건강하게 다루기 72

6장 ·· 친구에게 내 생각을 똑똑하게 말하기 84

7장 ·· 애매한 친구 관계 - 이럴 때는 어떻게 하지? 100

8장 ·· 갈등과 괴롭힘에 대처하기 114

9장 ·· 새 친구 사귀기 128

10장 ·· 마음이 힘들 때 자신을 돌보기 136

11장 ·· 우정에 관한 진실들 146

부록 : 독후 활동을 위한 질문

여는 글

친구가 여러분을 힘들게 하나요?

친구와 잘 지내려고 몸부림치고 있다고요? 외로워 말아요. 여러분만 그런 건 아니니까요. 아마 대부분 그럴 거예요. 어른들도 그렇답니다.

우리의 우정은 평탄한 땅 위에 있을 때도 있지만, 가끔은 롤러코스터 위에 있기도 해요. 레일을 따라 높이 올라갈 때는 짜릿하고 재미있고 '야호!' 하며 웃을 수 있지만, 어느 순간 아래로 곤두박질칠 때는 좌절감과 공포(!)를 경험하게 되지요.

진실한 우정만큼 즐겁고 힘이 되는 것도 없어요. 좋은 친구가 많은 사람은 행복할 거예요. 하지만 여러분도 느꼈듯이 우정을 가꾸는 일이 마냥 쉽지만은 않아요. 매우 혼란스럽거나 어려운 일이 될 수도 있어요.

여러분은 어떤가요? 학교에서 친구와의 문제로 불편하고 힘들었던 적이 있나요? 혹시 친구와 자주 다투는 편인가요? 친구 관계에서는 생각하지 못했던 다양한 일이 벌어져요. 하지만 갈등이나 충돌, 다툼 등을 잘 이겨 내면 관계가 더욱 돈독하고 탄탄해진답니다. 사이좋게 지내면서 좋은 우정을 일궈 나갈 수 있어요.

그러기 위해서는 노력이 필요한데, 관계를 잘 맺고 유지하기 위한 기술을 익히고 연습도 좀 해야 해요. 무엇보다 좋은 친구 관계가 어떤 것인지 알아야 하지요. 건강한 우정은 나를 인정해 주고 안정감을 준다는 사실을 꼭 기억하세요.

이 책에서 여러분은 여러 친구 관계를 탐색하게 될 거예요. 책을 읽으면서 잘 생각해 보세요. 서로 마음이 통하는 진짜 친구가 있나요? 보기에만 그럴듯하고 마음으로는 가깝지 않은 친구는요? 어떤 경우에라도 이 책에 실린 내용이 여러분의 친구 관계가 매끄럽게 흘러가도록 이끌어 줄 거예요.

책을 읽을 때 연필이 있으면 좋을 것 같아요. 간간이 생각을 적는 공간이 있거든요. 얼마든지 낙서를 하면서 읽어도 좋아요. 준비되었나요? 시작할게요!

> **슈퍼 울트라 엄청나게 중요함!**
>
> 이 책에 나오는 아이들의 이름은 가명이에요. 성별 또한 딱 정해져 있지 않아요. 여러분의 상황이나 관계에 맞게 바꾸어 생각하세요.

1장

테스트!
나의 친구 관계는
건강할까?

베프(best friend), 절친(절친한 친구), 단짝, 짝꿍 등은 나와 가까운 친구를 표현하는 단어들이에요. 그런데 이와 같은 친밀한 관계는 어떻게 만들어질까요? 어떻게 해야 좋은 친구, 가까운 친구 사이가 되는 걸까요? 왜 어떤 친구 관계는 잠옷을 입은 것처럼 편안하고, 어떤 친구 관계는 무서운 영화를 보는 것처럼 두렵고 찜찜한 기분이 들까요?

함께 시간을 보낸 뒤에 어떤 기분이 드는지를 살펴보면 그 친구와의 관계가 건강한지 아닌지를 판단할 수 있어요. 이런 거예요. '희주'라는 친구와 시간을 보내고 나면 보통 행복한 느낌이 들고, 자기 자신에 대하여 만족스러운 기분이 들어요. 반면에 '주희'라는 친구와 시간을 보내고 나면 어쩐지 좀 슬퍼져요. 뭔가 엉킨 듯한 복잡한 기분이 들고요. 어떤가요? 아마 주희보다는 희주와의 관계가 더 건강할 거예요.

지금부터 나오는 테스트를 하면서 여러분의 친구 관계가 건강한지 아닌지, 만약 건강하지 않다면 어떤 조치를 취해야 하는지 알아보세요.

◆ 테스트 설명서 ◆

더 자세히 알아보고 싶은 친구 관계를 하나 골라 보세요. 그 친구를 떠올리면서 가장 맞는 답에 표시를 하세요. 이때 꼭 솔직하게 답해야 해요. 그래야 여러분의 친구 관계에 대하여 잘 알 수 있어요. 테스트는 원하는 만큼 여러 번 할 수 있어요. 또 다른 친구를 떠올리며 다시 답을 해 보세요.

슈퍼 울트라 엑청나게 중요함!

" 이 테스트를 할 때는 혼자서 하세요. 그리고 믿을 수 있는 어른에게만 보여 주세요. 이 테스트의 목적은 여러분 스스로 친구 관계에 대하여 알아보고 이해하기 위한 것이지, 누군가를 판단하기 위한 것이 아니에요. 이 테스트를 다른 사람을 비판하기 위한 용도로 쓰지는 마세요. "

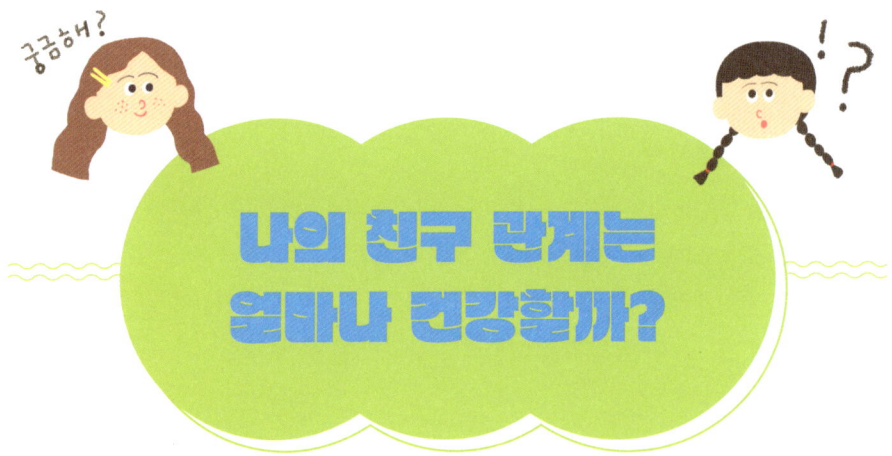

♣ 나와 내 친구 사이에 문제가 생겼을 때, 우리는 서로에게 공평한 방법으로 문제를 해결할 수 있다.

☐ 대부분 그렇다.   ☐ 가끔 그렇다.   ☐ 거의 그렇지 않다.

♣ 만약 친구에게 비밀을 말한다면, 친구가 비밀을 지켜 줄 거라고 믿는다. 왜냐하면 내 친구는 뒤에서 다른 사람 흉을 보지 않기 때문이다.

☐ 대부분 그렇다.   ☐ 가끔 그렇다.   ☐ 거의 그렇지 않다.

♥♥

♣ 내 생각이나 기분이 어떤지 친구에게 말할 수 있다. 내 친구는 나를 놀리거나 기분 나쁘게 하지 않을 것이다.

☐ 대부분 그렇다.　☐ 가끔 그렇다.　☐ 거의 그렇지 않다.

♣ 친구와 함께 시간을 보내고 나면 기분이 좋다. 나 자신을 탓하지도 않는다.

☐ 대부분 그렇다.　☐ 가끔 그렇다.　☐ 거의 그렇지 않다.

♣ 내가 좋은 성적을 받거나 큰 상을 타게 되었을 때 내 친구는 나를 위하여 함께 행복해한다. 예전에 자신이 더 좋은 성적과 상을 받았다고 말하지 않는다.

☐ 대부분 그렇다.　☐ 가끔 그렇다.　☐ 거의 그렇지 않다.

💙💙

♣ 나를 아프게 하는 못된 말이나 행동을 하고 나면 내 친구는 그에 대하여 책임을 지고 진심으로 사과한다. 친구가 다음에 같은 실수를 하지 않을 거라고 생각한다.

☐ 대부분 그렇다.　　☐ 가끔 그렇다.　　☐ 거의 그렇지 않다.

♣ 내 친구는 나의 관심사나 목표를 존중하고 도움을 주려고 한다. 자신의 관심사나 목표와 다르더라도 그렇게 한다.

☐ 대부분 그렇다.　　☐ 가끔 그렇다.　　☐ 거의 그렇지 않다.

♣ 내 친구는 다른 친구들이 우리 사이에 끼어들더라도 질투하거나 멀어지겠다며 겁을 주지 않는다. 내가 다른 친구들하고 함께 시간을 보내도 나를 기분 나쁘게 하지 않는다.

☐ 대부분 그렇다.　　☐ 가끔 그렇다.　　☐ 거의 그렇지 않다.

♣ 나는 내 친구가 내 편에 서서 나를 지지해 줄 거라고 생각한다.

☐ 대부분 그렇다. ☐ 가끔 그렇다. ☐ 거의 그렇지 않다.

♣ 우리 관계는 평등하다. 둘 중 한 사람이 늘 의견을 앞세우거나 리더가 되지 않는다.

☐ 대부분 그렇다. ☐ 가끔 그렇다. ☐ 거의 그렇지 않다.

충분히 생각하고 답을 했다면 결과를 확인하세요!

8개 이상을 '대부분 그렇다.'라고 답한 경우

♣

축하해요! 이 친구와의 관계는 매우 건강해요. 안심할 수 있고 서로를 인정하는 좋은 친구 관계를 맺고 있군요. 이 관계에서는 자신의 생각이나 느낌을 친구와 함께 나눌 수 있어요. 이 친구는 아마 매우 친절하고 여러분을 존중할 거예요. 이 관계는 균형이 잘 잡혀 있어서 어느 한 사람이 억울한 기분이 들지 않아요. 서로의 생각을 귀담아 듣고, 문제가 생겨도 함께 풀어 나갈 수 있을 거예요.

◆ 참고하세요 ◆

만약 위의 설명이 잘 맞지 않는 것 같다면 앞에서 표시한 여러분의 답을 다시 한번 확인해 보세요. 17쪽의 3개 이상을 '가끔 그렇다.'라고 답한 경우에 더 맞는 관계일 수도 있어요.

3개 이상을 '가끔 그렇다.'라고 답한 경우

♣

이 세상에 완벽한 친구 사이는 없을 거예요. 하지만 여러분이 앞의 테스트에서 '가끔 그렇다.'라고 여러 번 답했다면, 따로 시간을 내어 이 친구와의 관계에 대해서 생각해 보세요. 아마 더 노력해야 할 부분이 있을 거예요. 좋은 관계를 위해서는 어느 한쪽이 아니라 서로의 노력이 필요하답니다.

건강한 친구 관계에서는 자신의 기분을 편안하게 표현할 수 있어요. 좋은 친구는 상대방의 말을 잘 듣고 이해하지요. 진실한 우정은 친구를 위하여 함께하며 서로를 응원한답니다. 어때요? 그런 친구 사이가 되고 싶지 않나요?

이 책의 6장에는 친구와 소통하는 방법, 둘 사이에 생긴 문제를 해결하는 방법에 대하여 실려 있어요. 좋은 친구 사이를 유지하기 위해서 해야 할 일, 하지 말아야 할 일이 무엇인지 알아보세요.

3개 이상을 '거의 그렇지 않다.'라고 답한 경우

♣

주의하세요! 이 친구와의 관계는 건강하지 않아요. 이 관계에서 여러분은 안전한 느낌, 인정받는 느낌이 들지 않아요. 이 친구와 함께하고 나면 기분이 좋지 않고, 여러분 자신에 대하여 나쁜 생각이 들었을 거예요. 어떻게 해야 할지 몰라 막막하고 좌절감도 느꼈을 거고요. 자꾸만 여러분을 처지게 하는 관계에서 벗어나 더 좋은 관계로 넘어가야 할 것 같아요. 건강한 우정은 여러분을 더욱 빛나게 해 준답니다!

잠시 이 관계에서 물러나는 것도 좋은 방법이지만, 오래 알아 온 사이라면 어려운 일이 될 수도 있어요. 9장(새 친구 사귀기), 10장(마음이 힘들 때 자신을 돌보기)의 내용을 참고하세요. 무엇이 여러분을 위한 일인지, 어떻게 해야 하는지 깨닫도록 도와줄 거예요.

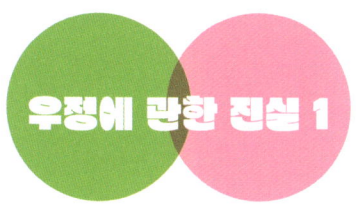

우정에 관한 진실 1

**건강한 관계는 편안하고 안전하며
서로를 인정한다.**

진실한 우정을 쌓는 첫걸음은, 여러분의 친구 관계가 건강한지 아닌지를 살펴보고 무엇을 해야 하는지를 판단하는 일이에요. 다음 장에서는 '친구 관계에서 필요한 기술'에 대하여 알아볼게요. 모든 면에서 완벽한 사람은 없답니다. 여러분 자신의 장점과 단점을 잘 알수록 관계를 이루는 한 축으로서의 역할을 더 잘 해낼 수 있어요. 한번에 모든 기술을 익히려고 하기보다는 자신에게 맞는 속도로 차근차근 익혀 보세요.

2장

테스트! 나는 친구 관계를 잘 맺는 편일까?

어떤 일은 참 쉬운데, 어떤 일은 어렵게 느껴질 때가 있지 않나요? 그림 그리기는 쉬운데 축구는 어렵거나, 수학 문제는 괜찮은데 국어 숙제는 힘든 것처럼요. 우리는 각자 잘하는 일이 다 다르답니다. 나한테는 쉬운데 다른 사람에게는 어려운, 반대로 다른 사람에게는 쉬운데 나한테는 어려운, 그런 일이 모두에게 하나씩은 있지요. 다행스러운 건 어떤 일이든 연습을 하면 실력이 는다는 거예요.

우정에 관해서도 비슷해서 우리가 가진 '친구 관계 기술'은 저마다 달라요. 여러분의 친구 관계 기술은 어떨까요? '친구의 이야기에 귀를 기울이기' 같은 기술은 쉬운데, '함께 다른 사람을 험담하지 말기' 같은 기술은 어려울 것 같다고요?

다음 테스트가 여러분의 친구 관계 기술에 대해서 알려 줄 거예요. 모든 것을 다 잘하는 사람은 없다는 사실을 기억하세요. 이 테스트는 여러분 자신에 대하여 이해하기 위한 것이지, 여러분을 평가하려는 게 아니에요. 테스트를 통하여 여러분이 친구 관계에서 어떤 부분을 잘하고, 어떤 부분은 연습을 더 해야 하는지 알아보아요.

◆ 테스트 설명서 ◆

이 테스트를 통하여 살펴보고 싶은 친구 관계를 하나 골라 보세요. 그 친구를 떠올리면서 가장 맞는 답에 표시를 하세요. 이때 꼭 솔직하게 답해야 해요. 그래야 여러분의 친구 관계에 대하여 잘 알 수 있어요. 테스트는 원하는 만큼 여러 번 할 수 있어요. 또 다른 친구를 떠올리며 다시 답을 해 보세요.

슈퍼 울트라 엄청나게 중요함!

"앞에서 했던 말을 다시 할게요. 정말 중요하니까요. 이 테스트를 할 때는 혼자서 하세요. 그리고 믿을 수 있는 어른에게만 보여 주세요. 이 테스트의 목적은 여러분 스스로 친구 관계에 대하여 깨닫기 위한 것이지, 누군가를 판단하기 위한 것이 아니에요. 이 테스트를 다른 사람을 비판하기 위한 용도로는 쓰지 마세요."

나의 친구 관계 기술은 어떨까?

테 스 트 1

예.
나랑
비슷하다!

아니오.
나한테는
어려운 일이다!

♣ 나는 친구가 말할 때 말을 자르거나 중간에 끼어들지 않으려고 노력한다. 다른 사람이 이야기하거나 농담을 할 때 잘 들으려고 하는 편이다.

♣ 나는 친구에게 관심을 가지고 더 많이 알려고 노력한다.

♣ 친구와 대화할 때 한 사람이 일방적으로 말하거나 듣는 상황이 되지 않았으면 좋겠다. 그래서 나는 말하기도 하고 듣기도 하면서 대화를 이어 간다.

테스트 2

	예. 나랑 비슷하다!	아니오. 나한테는 어려운 일이다!

♣ 친구에게 나 말고 다른 친구가 있는 건 우리 둘 모두에게 좋은 일이다. 그래야 건강한 친구 관계라고 생각한다.

☐ ☐

♣ 아무리 절친이라도 각자 시간을 보내거나 다른 친구와 함께하는 시간이 필요한 법이다. 함께하지 못하는 순간에도 친구가 서운한 기분이 들지 않았으면 좋겠다.

☐ ☐

♣ 내가 아니라 친구에게 좋은 일이 생기면 속으로는 기운이 빠지고 질투도 난다. 하지만 친구를 위하여 함께 기뻐하려고 최선을 다한다.

☐ ☐

25

테 스 트 3

예.
나랑
비슷하다!

아니오.
나한테는
어려운 일이다!

♣ 친구에게 나와 다른 점이 있다면 그 부분을 존중한다. 나와 다르거나 내 생각과 다르게 행동한다고 해서 다른 사람의 기분을 상하게 하고 싶지 않다.

☐ ☐

♣ 누군가가 나와 내 친구들 사이에 들어와서 함께한다면 나는 기꺼이 환영한다.

☐ ☐

♣ 친구가 자신의 감정이나 중요한 사실을 내게 말한다면 나는 그걸 가지고 놀리거나 비난하지 않는다.

☐ ☐

테스트 4   예.   아니오.
나랑   나한테는
비슷하다!   어려운 일이다!

♣ 친구가 내게 비밀을 털어놓아도 다른 사람에게는 말하지 않는다. (하지만 친구가 위험에 빠진 것 같다면 그때는 다르다. 친구를 도울 수 있는 어른에게 말할 것이다.)   ☐   ☐

♣ 나는 친구나 다른 사람이 없을 때 흉을 보지 않는다.   ☐   ☐

♣ 나는 친구에게 말한 것을 지킨다. 수업을 마치고 나서 하기로 한 일이 있다면 약속대로 한다.   ☐   ☐

💙💙

테스트 5

| | 예.
 나랑 비슷하다! | 아니오.
 나한테는 어려운 일이다! |

♣ 나는 내 감정에 솔직한 편이라서 친구에게 감정을 숨기지 않는다. 그리고 친구가 자신의 감정을 표현하면 귀 기울여 들어 줄 수 있다.

☐ ☐

♣ 어떤 일이나 사물, 인물에 대하여 친구가 나와 다른 시각을 가졌더라도 친구를 이해하려고 한다.

☐ ☐

♣ 친구와의 관계에서 어려움이 있다면 친구와 일대일로 대화하여 풀려고 노력하는 편이다. 도움이 필요할 때 이 문제에 또 다른 친구를 끌어들이기보다는 믿을 수 있는 어른과 이야기하는 게 더 낫다고 생각한다.

☐ ☐

테스트 6

예. 아니오.
나랑 나한테는
비슷하다! 어려운 일이다!

♣ 말하기 전에 먼저 생각을 한다. 설사 다툼이 벌어졌을 때라도 아무 생각 없이 말하지 않는다. 내가 하려는 말이 다른 사람을 상처 줄 수 있다는 걸 알면 그 말을 하지 않는다.

☐ ☐

♣ 내 기분이 좋아지려고 다른 사람을 놀리거나 깎아내리지 않는다.

☐ ☐

♣ 나는 심술궂게 말하지 않는다. 가능하면 차분하고 친절하게 말하려고 노력한다. 말할 때 '어떤 단어'를 사용하는지만큼이나, '어떤 방식'으로 말하는지가 중요하다는 사실을 알고 있다.

☐ ☐

테스트 7

| | 예.
나랑
비슷하다! | 아니오.
나한테는
어려운 일이다! |

♣ 나는 친구도 나도 완벽할 수 없다는 것을 안다. 그래서 다툼이 일어났을 때는 꼭 친구와 대화를 한다. 그리고 좋은 관계를 유지하기 위한 방법에 관심이 있다.

☐ ☐

♣ 나와 친구의 관계는 평등하다. 항상 한 사람이 이끌거나 결정을 내리지 않는다.

☐ ☐

♣ 친구와 문제가 생겼을 때 우리 둘 모두에게 공평한 해결 방법을 찾으려고 한다.

☐ ☐

테 스 트 8

	예. 나랑 비슷하다!	아니오. 나한테는 어려운 일이다!

♣ 나는 나 자신을 거짓으로 꾸미지 않는다. 나는 내 자신이 충분히 좋고, 칭찬이나 관심을 받기 위하여 먼가를 해야 한다고 생각하지 않는다. ☐ ☐

♣ 나는 친구에게 진실을 말하고 정직하려고 노력한다. ☐ ☐

테스트 9 | 예. 나랑 비슷하다! | 아니오. 나한테는 어려운 일이다!

♣ 만약 시합을 하다가 지더라도 나는 최선을 다했기 때문에 이긴 사람들을 축하해 줄 수 있다. ☐ ☐

♣ 친구 관계에서 내 방식대로 흘러가지 않는 일이 생겼을 때, 나는 친구에게 성을 내거나 소리를 지르거나 짜증을 내며 뿌루퉁하지 않으려고 노력한다. 몹시 화가 나고 좌절감을 느낄 때에도 건강한 방식으로 감정을 풀어내려고 한다. ☐ ☐

> **충분히 생각하고 답을 했다면 결과를 확인하세요!**

솔직하게 답을 했지만, 아무래도 그 답이 '틀린' 것 같다고요? 그럴 수 있어요. 그 부분이 바로 아직 미숙한 지점일 수 있답니다.
어떤 사람에게는 익숙하고 쉽게 느껴지는 일이, 또 다른 사람에게는 그렇지 않을 수도 있다는 점을 다시 떠올려 보세요.

자신에게 부족한 부분이 무엇인지 생각하면서 다음에 오는 친구들의 경험담과 설명을 잘 읽어 보세요.

슈퍼 울트라 엄청나게 중요함!

" 자신의 약점을 알아차리고 인정하는 데에는 시간이 걸려요. 자신을 강한 사람이라고 생각할수록 더욱 그렇답니다. 하지만 아무도 완벽할 수 없다는 사실을 기억하세요. 누구나 강점과 약점을 모두 가졌어요. 약점이 있다고 해서 형편없는 사람이 되는 건 아니에요. 여러분만의 강점이 여러분을 진실한 우정으로 이끌어 줄 거예요. "

테스트 1: 잘 듣는 기술

♣

"나는 말하는 걸 너무 좋아해. 그래서 친구가 말할 때 자꾸만 끼어들게 돼. 친구의 말을 귀 기울여 듣고 너무 많이 끼어들지 않으려고 노력하는데 쉽게 안 고쳐지는 것 같아."

"나는 조용한 게 좋아. 그리고 대화할 때 주로 듣는 편이야. 그런데 아무 말도 하지 않으면 내가 잘 듣고 있다는 사실을 다른 사람이 모를 수도 있다는 걸 알게 되었어. 지금은 친구의 이야기를 들을 때 가만히만 있지 않고 궁금한 게 있으면 질문도 하고 그러려고 해. 내가 관심을 기울여 잘 듣고 있다고 표현하고 싶거든."

'잘 듣기'는 친구에게 마음을 표현할 수 있는 좋은 방법이에요. 잘 듣는 것만으로도 내가 친구에게 충분히 마음을 쓰고 있고, 친구가 말하는 내용에 관심이 있다는 걸 알릴 수 있어요. 어떻게 해야 잘 듣는 걸까요? 일단 친구가 말할 수 있는 기회를 주어야지요. 대화를 하다 보면 너무 신이 난 나머지 나만 말하기보다는 상대방의 말을 듣기도 해야 한다는 걸 잊을 때가 있어요. 또 어떤 방법이 있을까요? 여러분이 말할 때 친구가 잘 듣지 않는 것 같다고 느꼈던 적이 있지 않나요? 그때 기분이 어땠나요? '잘 듣는 기술'을 발전시키려면 어떻게 해야 할까요?
(적절히 눈을 맞추거나, 알맞게 질문을 하거나, 핸드폰을 내려놓거나, 고개를 끄덕이거나, 끼어들지 않으려고 하는 등등)

테스트 2 : 질투심을 다루는 기술

♣

"나랑 가장 친한 친구가 나 말고 다른 친구랑 놀러 가면 정말 기분이 나빠. 친구라면 늘 같이해야 한다고 생각해. 자꾸 그러면 이제 나와는 친구가 아니라고 말한 적도 있어."

"친구가 자기한테 생긴 좋은 일을 얘기하면 샘이 나서 나한테 생긴 더 좋은 일을 끄집어내서 말했어. 하지만 그렇게 하면 친구가 기분이 나쁘다는 걸 깨달았어. 지금은 진심으로 친구를 축하해 주려고 노력해."

여러분도 이런 경험이 있지 않나요? 한 번쯤은 질투심을 느껴 보았을 거예요. 친구가 나 말고 다른 친구와 함께한다고 하면 마음속 깊은 곳에서 그 친구를 잃을지도 모른다는 걱정을 하게 돼요. 그런 걱정 때문에 질투가 나는 걸 거예요. 친구에게 좋은 일이 생겼을 때 질투가 나는 건 왜일까요? 아마도 그 성공이 친구 혼자만의 것이 아니라 '우리의 것'이길 바라는 마음이 들어서가 아닐까요? 하지만 조심해야 해요! 질투심 때문에 소중한 우정이 망가질 수도 있으니까요. 모든 사람이 가끔씩은 질투심을 느껴요. 그게 잘못은 아니에요. 중요한 건 질투심을 건강한 방법으로 다루어야 한다는 거예요. 질투라는 감정을 극복하려면 여러분이 질투심을 느낄 때 알아차리고 잠시 멈추어야 해요. 그러고 나서 떠올려 보세요. 건강한 우정이 싹트려면 친구가 나 말고 다른 친구와도 시간을 보내야 한다는 사실을요.

만약 친구의 좋은 점이나 잘한 일에 질투심을 느낀다면 여러분이 가진 좋은 점을 떠올려 보세요. 친구가 아니라 나 자신에게 집중하는 거예요. 기분이 조금 나아지면 산책을 하러 가거나 좋아하는 노래에 맞춰 가볍게 춤을 추거나 운동을 하는 것도 좋아요. 어떤 것이든 잠시 좋아하는 일을 하세요. 이 방법은 질투심뿐 아니라 감당하기 힘든 어려운 감정을 해소하는 데에도 효과가 있답니다.

'질투심을 다루는 기술'을 발전시키려면 또 어떻게 해야 할까요?
(친구에게 상처를 줄 수 있는 말을 하기 전에 잠시 멈추거나, 자신이 가진 장점을 떠올리거나, 자신을 다른 사람과 비교하기를 멈추는 등등)

테스트 3 : 받아들이는 기술

♣

"작년에는 반 친구들 가운데 몇몇하고 사이가 나빴어. 그 아이들이 마음에 들지 않아서 내가 못되게 굴면 거리를 둘 수 있다고 생각했던 것 같아. 지금은 반 친구들 모두에게 친절하게 대하려고 노력해. 내가 별로 좋아하지 않는 친구라도 말이야."

예전에 나를 별로 좋아하지 않는 친구들 무리에 섞여서 지낸 적이 있어. 친구들에게 맞추려고 노력했는데도 대부분은 무시당하는 느낌이 들었어. 지금은 그때와는 다르게 진짜로 나를 좋아하고 인정해 주는 친구들과 함께 있어. 이 친구들과 있으면 기분이 좋아. 그리고 내가 진짜로 친구들 사이에 속한다는 느낌이 들어.

'받아들인다'는 것은 다른 사람을 자기가 원하는 대로 바꾸려고 하지 않고, 있는 그대로 그들 자신으로 있게 하는 일이에요. 또, 함께한다는 소속감을 느끼게 하는 일이에요. 다른 말로 '포용한다'고 해요. 포용력은 다른 사람을 너그럽게 감싸거나 받아들일 줄 아는 능력을 말해요. 포용력이 부족하면 어떤 친구는 받아들이지만, 어떤 친구는 받아들이지 않아요. 그 친구가 자신과 다르거나 대부분의 사람들과 다른 점이 있거나 별로 마음에 들지 않는다는 이유로요.

포용력이 부족한 친구 관계는 좋지 않아요. 그런 관계는 우리의 기분을 상하게 해요. 진정한 나 자신이 아니라 다른 사람이 된 것 같은 느낌이 들게 만들어요.

여러분의 친구는 여러분을 온전하게 받아들이나요? 친구와 있을 때 다른 누군가가 아닌, 있는 그대로의 나 자신인 것처럼 느껴지나요? 나를 받아들여 주는 친구와 함께하면 기분이 어떤가요?

여러분은 친구들을 있는 그대로 받아들이는 편인가요? 포용력을 기르려면 어떻게 해야 할까요?

테스트 4 : 신뢰감을 주는 기술

♣

"친한 친구가 내게 비밀 이야기를 했는데, 나는 그걸 다른 아이들에게 그냥 말했어. 그것도 자주 그랬어. 그렇게 하면 더 많은 친구들하고 가까워지고 어울릴 수 있다고 생각한 것 같아. 이 사실을 알게 된 친구가 더는 나를 못 믿겠다며 절교를 선언했어. 당황스럽고 슬펐지만 친구를 탓할 수는 없었어. 다 내 잘못이니까. 친한 친구가 다시 생겼는데, 이번에는 꼭 믿을 수 있는 친구가 되고 싶어."

"작년에 우리 반 친구들은 점심시간이면 다른 아이들에 대한 험담을 자주 했어. 처음에는 그게 멋진 것 같았어. 하지만 시간이 갈수록 마음이 점점 불편해졌어. 이런 고민을 털어놓았더니 엄마가 대화 주제를 일부러라도 긍정적인 걸로 바꿔 보라고 했어. 내 생각에도 그래야 할 것 같아."

'신뢰'는 비밀을 지키는 일보다 더 큰 무언가를 뜻해요. 신뢰를 바탕으로 하는 우정은 서로를 단단하게 지지하는 느낌을 주어요. 친구 사이에 신뢰가 있다면 중요한 일도 얼마든지 친구에게 털어놓을 수 있지요. 친구가 그 일을 가지고 놀리거나 다른 사람에게 말할지도 모른다는 두려움 없이 말이에요. 믿을 수 있다는 느낌은 우정을 매우 특별한 것으로 만들어 주어요.

반대로 신뢰를 바탕으로 하지 않는 관계는 안전하지 않다는 느낌을 주어요. 상처받은 일이나 소문, 비밀 같은 걸 다른 사람에게 옮겨 말하면 친구에 대한 신뢰가 깨지고 혼란스러워져요.

서로 신뢰할 수 있는 친구 관계를 맺으려면 시간이 걸린답니다. 나중에 중학교, 고등학고, 대학교에 갔을 때 혹은 더 나이가 들어 성숙해진 뒤에야 그러한 우정을 쌓는 경우도 있어요.

우선 여러분 자신이 신뢰감을 주는 사람이 되어 보면 어떨까요? 믿을 수 있는 친구가 되려면 어떻게 해야 할까요?

테스트 5 : 소통을 잘하는 기술

♣

"나는 가장 친한 친구와 거의 절교할 뻔한 적이 있어. 둘 사이에 생긴 문제를 어떻게 해결해야 할지 몰랐거든. 우리는 서로 싸우고 나서 각자 다른 친구한테 그 이야기를 했어. 다행히도 더 심각한 상황이 되기 전에 싸운 친구와 다시 대화를 하게 되었어. 그런 대화를 하는 건 껄끄럽고 힘들었지만 그 덕분에 우리는 화해했고 둘 사이에 생겼던 문제도 잘 해결했어. 이 일이 우리 우정을 더 단단하게 만들어 준 것 같아."

나는 내 감정을 드러내는 게 어려워. 친구가 내 마음을 아프게 해도 그런 이야기를 친구에게 하려면 두려운 마음부터 들어. 하지만 그렇다고 내가 아무 말도 하지 않으면 좋은 사이가 될 수 없을 것 같아.

어떤가요? 여러분은 친구와 솔직하게 대화하는 편인가요? 친구 앞에서 상처받은 마음을 솔직하게 드러내고 말로 표현하는 일은 누구에게나 어렵답니다. 왜일까요? 친구 때문에 마음이 불편한 일이 생겼다고 생각해 보세요. 막상 말하려고 보니 어떻게 말해야 할지 잘 안 떠오를 수도 있지 않겠어요? 선뜻 용기가 안 나거나 다른 사람 앞에서 말하는 일에 자신이 없을 수도 있고요.

하지만 여러분이 정말 중요하게 생각하는 게 있는데 그걸 말로 표현하지 않으면 다른 사람은 잘 알지 못해요. 친구가 나를 이렇게 대해 줬으면 좋겠다 하고 바라는 바가 있다면 직접 표현해서 알려 줘야 해요.

마음을 말로 표현하는 게 어렵다면 이 책의 6장을 보세요. 이에 대하여 좀 더 자세히 다룰 거예요. 일단 친구 사이에서 생긴 문제는 일대일로 대화를 통하여 풀어야 한다는 사실을 알아 두세요. 둘 사이에 다툼이 벌어졌을 때 다른 사람을 끌어들이지 마세요. 친구와의 소통은 평생에 걸쳐 여러 우정을 쌓아 가면서 익혀야 하는 중요한 문제랍니다. 처음부터 잘할 수는 없지만, 연습하면 점점 나아질 거예요.

친구에게 마음을 잘 표현하고 소통을 잘하려면 어떻게 해야 할지 한번 생각해 보세요.

테스트 6 : 배려하는 기술

♣

"어떤 아이들이 나더러 '나쁜 애'라고 해서 정말 마음이 아팠어. 나는 나쁜 애가 아니야. 하지만 생각해 보면 내가 못되게 군 적이 있는 것도 같아. 말할 때 조심하지 않고 아무 단어나 막 사용한 적이 있거든. 그래서일까?"

"지금보다 어릴 적에는 친구가 입고 온 옷이 별로라고 생각하면 정말로 그렇게 말했어. 생각나는 그대로 표현한 것 같아. 하지만 지금은 그렇지 않아. 말하기 전에 생각을 먼저 해 보고 상대방을 배려하려고 노력해."

"다른 사람을 돕고 친절하게 행동하면 나 자신에 대하여 좋은 느낌이 들어."

'배려'는 다른 사람을 위해서 마음을 쓰는 거예요. 상대방을 존중하고 친절하게 대하며 보살피는 일이지요. 또, 그 사람의 행복을 바란다는 사실을 말과 행동으로 표현하는 거예요.
친절한 행동은 아주 단순한 것일 수도 있어요. 친구가 힘을 내도록 응원하는 말을 해 주거나, 뒤에 오는 사람을 위하여 문을 잡아 주는 일처럼요. 우리가 매순간 친절한 말과 행동을 하기로 선택하면 이 세상을 더 좋은 곳으로 만들 수 있어요! 동시에 우리 각자도 더욱 행복해질 수 있답니다.
친구를 친절하게 대하고 존중하는 마음을 표현하려면 어떻게 해야 할까요?

테스트 7 : 유연하게 대처하는 기술

♣

"다들 나더러 너무 대장처럼 군대. 하지만 지난번 모둠 활동할 때도 내가 정말 좋은 생각을 떠올렸거든. 그 생각대로 꼭 하고 싶었지만, 선생님께서 자기 생각만 고집하지 말고 다른 아이들 생각도 받아들여야 한다고 하셨어."

"내 마음대로 규칙을 막 바꾸는 바람에 친구가 화를 냈어. 게임도 망치고 친구와 사이도 안 좋아지고 말았어. 이제부터는 내가 하고 싶은 대로만 하기보다는 친구와 상의해서 규칙을 정할 거야."

친구 사이에서는 자연스럽게 크고 작은 갈등이 자주 생겨요. 그래서 친구와 사이좋게 지내려면 서로 양보하고 협력도 해야 해요. 어떤 게임을 할지, 규칙은 어떻게 할지 이런 것들을 한 친구가 자기 생각대로만 정하려고 고집을 부린다고 생각해 보세요. 기분만 상하고 재미도 없을 거예요.
'유연하다'는 건 함께 결정할 일이 있을 때나 갈등이 생겼을 때 모두가 공평하다는 기분이 들게끔 그 상황을 잘 풀어 나가는 거예요. 억울한 사람이 생기면 안 돼요. 유연함은 단번에 익히기엔 좀 까다로운 기술이지만, 유연해지면 분명 친구와 더 즐거운 시간을 보낼 수 있답니다.
친구 사이에서 생긴 일을 유연하게 풀었던 경험을 떠올려 보세요. 어떤 연습을 하면 유연해질 수 있을까요?

테스트 8 : 자신을 솔직하게 드러내는 기술

♣

"가끔 나에 대한 이야기를 꾸며 낼 때가 있어. 사람들을 즐겁게 하고 싶고, 좋은 인상도 남기고 싶어서야. 하지만 나중에 친구가 내 이야기가 가짜라는 걸 알아내면 정말 당황스럽고 창피해."

"내 친구는 좋은 말을 들으려고 자신에 대해서 꾸며 말하거나 거짓말을 하는 것 같아. 지금 이대로도 멋진 친구인데 안타까운 생각이 들어. 친구가 좀 더 솔직해졌으면 좋겠어."

사람들이 자신에 대한 이야기를 꾸며 내는 건, 다른 사람과 어울리고 싶거나 사람들에게 잘 보이고 싶어서예요. 소소한 거짓말 정도는 그다지 해가 되지 않는다고 생각할 수도 있어요. 하지만 아무리 사소하더라도 자신에 대한 거짓말은 진짜 자기 자신으로부터 멀어지게 만들어요. 진정한 자기 자신이 되지 못하면 자신을 존중하는 마음으로 대할 수 없어요.

만약 여러분도 자신에 대하여 가짜로 꾸며서 말한 적이 있다면 언제 그랬는지, 왜 그랬는지 생각해 보세요. 그런 상황에서 진짜 자기 자신이 되어 솔직하게 스스로를 드러내려면 어떻게 해야 할까요?

테스트 9 : 마음을 다스리는 기술

♣

"친구와 게임을 할 때 내 뜻대로 잘 안되면 화를 내게 돼. 이렇게까지 화를 낼 일은 아니었는데 하고 후회한 적도 있어. 친구 눈에 내가 너무 이상해 보였을 것 같아. 그렇게 화를 내고 나면 게임도 재미가 없어."

"내 친구는 항상 다른 사람을 응원하고 좋은 면만 보려고 해. 이런 친구와 같이 있으면 나도 더 긍정적인 사람이 되는 것 같아."

다른 사람이 우리가 원하는 대로 해 주지 않거나 바라던 일이 잘되지 않으면 낙담하게 돼요. 그럴 때는 당연히 화가 나요. 화가 나는 것 자체는 나쁜 일이 아니에요. 화나 짜증은 누구나 감당하기 어려운 감정이랍니다. 그렇다고 해서 다른 사람까지 일을 망치게 하거나 나쁜 기분을 느끼게 하는 건 옳지 않아요. 화가 나더라도 상황을 긍정적으로 보고 마음을 다스리는 방법을 배워 보세요. 5장(어려운 감정을 건강하게 다루기)의 내용이 도움이 될 거예요.
평소에도 여유롭고 긍정적인 마음을 가지려면 어떻게 해야 할까요?

슈퍼 울트라 엄청나게 중요함!

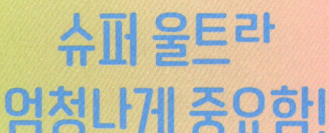

> 우리는 우리 자신의 행동을 선택할 수 있어요. 어떤 행동을 바꾸기를 원한다면 그렇게 할 수 있어요. 만약 여러분에게 거짓말을 하는 습관이 있다면 그 습관을 고치기로 마음먹고 노력하면 돼요. 다른 사람이 없는 곳에서 험담을 하거나 깎아내리는 습관이 있다면 그러지 않기로 단단히 마음먹고 노력해 보세요. 여러분에게는 충분히 그럴 수 있는 힘이 있어요.

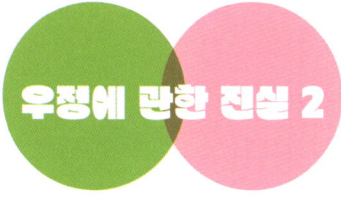

**누구나 배우는 속도가 다르다.
친구 관계 기술을 익히는 일도 그렇다.**

다음 장에서는 '우정 피라미드'에 대해서 알아볼 거예요. 우정 피라미드는 여러 단계의 친구 관계를 보여 주어요. 각 단계의 특징과 그 단계에서 필요한 점이 무엇인지도 알려 주지요.

왜 이 친구와의 관계는 다른 친구와의 관계와 다른지, 왜 시간이 지나면 같은 사람과도 관계가 달라질 수 있는지 우정 피라미드를 보며 알아보아요.

3장

우정 피라미드
- 절친부터
가짜 친구까지

주변의 친구들을 떠올려 보세요. 함께 있으면 편안하게 진짜 내 모습이 드러나고 내 마음이나 생각을 쉽게 나눌 수 있는 친구가 있지요? 반대로, 함께 있으면 괜히 긴장되고 말하거나 행동할 때 조심스러워지는 친구도 있지 않나요? 왜 어떤 친구와 있느냐에 따라 이렇게 차이가 날까요? '관계'라는 건 누구와, 언제, 어떻게 맺느냐에 따라 각기 다르기 때문이에요. 친구와의 관계도 그렇답니다.

오른쪽의 우정 피라미드를 보세요. 우정을 여러 단계로 나눠 피라미드 모양으로 표현한 거예요. 각 단계의 특징도 한번 보세요. 우정 피라미드는 모든 친구 관계가 똑같지 않다는 사실을 보여 주어요. 우정에 여러 단계가 있으며, 시간이 지나면서 그 단계가 달라질 수 있다는 것을 알 수 있지요.

우리가 정말로 마음대로 할 수 있는 건 우리 자신뿐이에요. 이런 친구가 있었으면 하고 바란다면 여러분이 먼저 그런 친구가 되어 보면 어떨까요?

◆ 중요! 관계도 사람도 변한다. 가짜 친구도 노력하면 진짜 친구가 될 수 있다!

우정 피라미드

친한 친구-절친
(찾기가 어렵고 매우 귀하다.)
- 서로에게 공평한 방법으로 문제를 해결한다.
- 서로를 인정하고 받아들인다.
- 같이 있으면 즐겁다.
- 믿을 수 있다. 그래서 생각과 감정과 비밀을 공유할 수 있고, 다른 사람에게 함부로 이에 대하여 말하지 않는다.
- 편안하고 안전한 느낌이 든다.

보통 친구
(학교 친구, 학원 친구, 동네 친구 등)
- 서로에게 공평한 방법으로 문제를 해결한다.
- 서로를 인정하고 받아들인다.
- 같이 있으면 즐겁다.
- 친한 친구에게 하듯 비밀을 공유하지는 않는다.
- 친한 친구처럼 서로를 잘 알지는 못한다. 그래서 마냥 편안하지는 않다.

그냥 아는 친구
(새 친구가 될 가능성이 있다.)
아직 싹을 틔우지 않은 우정의 씨앗은 주변에 늘 존재한다!
새 친구 사귀기에 마음을 열어 보면 어떨까?

오르락내리락 위치가 변할 수 있다.
어느 단계에서건 오해나 갈등이 생길 수 있다.

◆ **주의! 진짜 친구가 아님-가짜 친구** ◆
(조심스럽게, 하지만 친절하게 대해야 한다.)
- 어떤 날에는 잘해 주고, 어떤 날에는 못되게 군다.
- 믿을 수 없다. 나에 대한 소문과 험담을 퍼뜨린다.
- 나를 인정하거나 받아들이지 않는다. 나 자신에 대하여 불편한 기분이 들게 만든다.
- 안전하지 않다. 불편한 일을 같이하자고 한다.

친한 친구–절친

♣

우정 피라미드의 가장 높은 곳에는 '친한 친구'들이 있어요. 피라미드에서 가장 좁은 부분이라 한두 친구밖에 들어가지 못해요. 이런 친구는 만나기가 어렵답니다. 탄탄한 우정을 쌓기까지는 보통 시간이 오래 걸려요. 아직 피라미드 꼭대기에 오를 만한 친한 친구가 없더라도 걱정하지 마세요. 중학교에 들어가서 혹은 그 이후에야 이런 친구를 만나는 경우도 많으니까요.

처음에는 그렇게 친하지 않았지만, 서로 노력한 끝에 친한 사이가 되기도 해요. 물론 아무리 노력해도 친한 친구가 되지 못하는 관계도 있지만요. 아쉽지만, 그럴 수도 있어요.

여러분과 가장 가까운 친구나 사람들을 떠올려 보세요. 여러분이 좋아하는 점이 있어서 금방 친해질 수 있었던 사람에 대하여 적어 보세요.

_____

_____

_____

_____

"우린 벌써 절친을 만났어."

보통 친구

♣

우정 피라미드의 '보통 친구' 층은 바로 위의 뾰족한 층보다 한 단계 아래이고, 면적이 더 넓어요. 그만큼 다양한 친구들이 여기에 속할 수 있지요. 학교나 학원에서 만나는 친구들, 같은 동네에 사는 친구들이 여기에 들어가요. 이 친구들과도 서로를 인정하고 받아들이며 함께 있으면 즐거울 거예요. 하지만 '친한 친구'와의 우정처럼 편안한 느낌이 들지는 않아요. 그래서 이 친구들과는 비밀 이야기를 하지 않아요. 더욱 친한 사이가 되기 전까지는 마음속 이야기나 감정을 모두 털어놓지는 않을 거예요. 보통 친구 가운데 일부는 시간이 흐르면서 친밀한 관계가 되어 친한 친구로 발전하기도 해요.

여러분 주변의 친구나 사람들을 떠올려 보세요. 여러분이 좋아하는 점이 있어서 친구가 될 수 있었던 사람에 대하여 적어 보세요.

슈퍼 울트라 엄청나게 중요함!

" 가끔은 여러분이나 친구의 비밀을 다른 사람에게 말해야 할 때도 있어요. 나쁜 일이나 위험한 상황, 누군가의 안전과 관련된 비밀이 있다면 즉시 믿을 수 있는 어른에게 이야기하세요. "

앞으로 친해질 수도 있는, 그냥 아는 친구

우정 피라미드의 아랫부분에는 아직은 아니지만 새 친구가 될 가능성이 있는 사람들이 가득해요. '그냥 아는 친구'는 학교나 동네에서 종종 마주치지만 잘 알지는 못하는 다양한 사람들을 말해요. 예를 들어 학교에서 종종 봐서 얼굴은 익혔지만, 같은 반이 된 적은 없어서 아는 게 별로 없는 친구가 있을 거예요. 어떤 계기가 생겨서 그 친구와 친해질 수도 있지 않을까요? 새 친구를 사귈 가능성에 대해서는 늘 마음을 열어 두세요. 언젠가 '그냥 아는 친구'와 더욱 친한 사이가 될 수도 있으니까요!

여러분 주변의 사람들을 떠올려 보세요. 새 친구가 될 수 있을지도 모르는 사람에 대하여 적어 보세요.

가짜 친구

♣

진실한 우정을 쌓으려면 다양한 친구 관계 기술이 필요해요. 또, 좋은 친구 관계를 위해서는 어느 정도의 성숙함도 갖춰야 해요. 마음가짐이나 생각, 말이나 행동이 지나치게 자기 위주이거나 어린아이 같은 사람과는 좋은 관계를 맺고 우정을 쌓기가 어려워요.

'가짜 친구'는 친구 관계 기술이나 성숙함을 갖추지 못한 경우예요. 우정 피라미드의 바닥에 있지요. '가짜 친구'에 해당하는 사람이 무조건 나쁘다는 뜻은 아니에요. 영원히 바뀌지 않을 거라는 뜻도 아니고요. 우리 모두 자신의 속도에 맞게 친구 관계 기술을 익히고 성장해 나가는 중이니까요.

'가짜 친구'처럼 행동하는 아이가 있을 때, 그 아이가 실은 다른 문제로 인한 어려움을 겪고 있을지도 모른다는 점을 알아 두세요. 그 아이는 자존감이 지나치게 높거나 낮을 수도 있어요. 가족 간의 문제로 힘든 시간을 겪고 있을 수도 있지요. 시간이 지나면 '가짜 친구'도 좋은 친구가 되는 법을 배울 거예요.

하지만 어떤 상황에서라도 가장 중요한 건 여러분 자신이에요. 여러분을 불편하게 하거나 위험하게 만드는 친구와는 거리를 두세요. 그리고 여러분의 마음을 상하게 하는 친구를 대할 때는 주의를 기울이세요. 이런 친구 때문에 난처한 상황에 처했다면 어떻게 해야 할지 차분히 생각하는 시간을 가져 보세요.

슈퍼 울트라 엄청나게 중요함!

"
'가짜 친구'처럼 행동하는 아이가 있을 때, 다른 아이들끼리 똘똘 뭉쳐서 그 아이에게 등을 돌리고 적대적인 태도를 취하는 경우도 있어요. 하지만 이건 몇 배는 더 나쁜 행동이에요. 만약 여러분이 '가짜 친구' 때문에 많이 괴로웠고, 이제 그 관계에서 벗어나기로 했더라도 다른 사람을 끌어들이는 일에는 신중해야 해요. 나쁜 소문을 퍼뜨리거나 다른 아이들이 모두 그 친구에게서 등을 돌리게 하지 않고도 그 관계에서 멀어지는 방법이 있을 거예요. 믿을 수 있는 어른과 이 문제를 상의해 보세요.
"

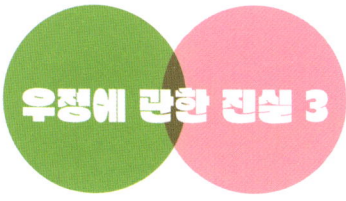

우정에 관한 진실 3

**진짜 친구, 진실한 우정은 원래 찾기가 어렵다.
어른이 되기까지 만나지 못할 수도 있다.**

평생 동안 진짜 친구나 진실한 우정을 만나지 못하는 경우도 있어요. 안타깝고 슬픈 일이지요. 찾기가 어렵기 때문에 그만큼 더욱 소중하답니다. 진짜 친구를 만나기 위해서는 자신도 그런 친구가 되어야 해요. 그리고 진실한 우정을 쌓게 되면 그 관계를 소중히 여기고 잘 유지하기 위해 노력하세요. 이 책에서 배운 내용이 도움이 될 거예요.

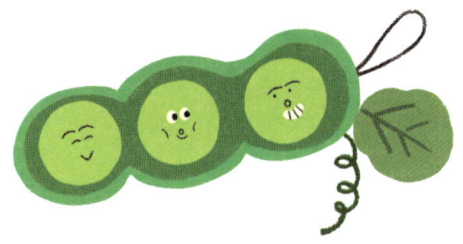

슈퍼 울트라 엄청나게 중요함!

> 우리는 스스로 어떤 친구 관계를 맺을지 선택할 수 있어요. 건강하지 않은 친구 관계를 맺고 있다면 여러분의 친구 관계 기술로 친구와의 문제를 해결해 보세요. 그게 어렵다면 그 관계에서 잠시 물러나 있을 수도 있지요. 마음을 완전히 닫지는 말고 조금 열어 두세요. 지금은 그 관계가 여러분에게 잘 맞지 않지만, 나중에 시간이 지나고 두 사람 모두 충분히 성숙해지면 그때는 다시 좋은 관계가 될 수도 있답니다.

우정에는 여러 단계가 있다.
친구 관계는 시간이 흐르면서 달라지기도 한다.

우정도 시간이 흐르면 달라질 수 있어요. 같은 사람과의 관계지만 때에 따라 우정 피라미드에서의 위치가 바뀔 수 있어요. 친구 관계는 변화가 많고 다양해요. 친했던 친구와의 관계가 깨진 뒤에 새로 사귄 친구와 어느새 가장 가까운 사이가 되기도 해요. 관계가 깨진 것은 아니지만 친한 친구와 잠시 사이가 멀어지기도 하지요. 누구나 한 번쯤은 친구 관계에서의 변화를 겪는답니다. 만약 이런 변화로 마음이 많이 힘들다면 9장과 10장에 나오는 새 친구 사귀는 법과 자기 자신을 돌보는 법을 살펴보세요.

4장

내가 바라는 친구는 어떤 친구?

사람마다 어떤 친구를 원하는지가 다를 거예요. 자기 자신과 똑 닮은 친구를 좋아하는 사람이 있고, 자신과는 다른 점이 많은 친구를 더 좋아하는 사람도 있을 거예요. 여러분은 어떤 친구를 좋아하나요? 활기찬 친구? 조용하고 차분한 친구? 재미있는 친구?

어떤 친구를 원하는지는 그야말로 '개인 취향'이에요. 친구를 사귈 때 특별히 더 중요하게 생각하거나 좋아하는 특성이 있을 수도 있어요. 하지만 자기 기준에 맞춰 눈에 띄게 친구들을 차별하는 태도는 좋지 않아요. 누구에게든 친절한 태도를 잊지 마세요. 다른 사람이 여러분에게 친절하기를 바란다면 여러분도 다른 사람을 친절하게 대해 주어야 해요. 그게 함께 어울려 살아가는 지혜랍니다.

마법의 친구 기계

여러분에게 새 친구를 만들어 주는 마법의 친구 기계가 생겼다고 상상해 보세요. 여러분은 그냥 그 기계에 대고 원하는 친구가 어떤 사람인지를 이야기하기만 하면 돼요. 그러고 나서 잠시 기다리면……. 뿅! 하고 여러분의 새 친구가 기계에서 튀어나올 거예요.

여러분이라면 이 기계에 뭐라고 이야기할 건가요? 여러분이 원하는 이상적인 친구의 특징이 무엇인지 한번 생각해 보세요. 이때 특징을 말로 표현할 수 있어야 해요. '다정하다, 정직하다, 용감하다.' 등 여러분이 어떤 점을 중요하게 여기는지 친구의 성격이나 행동의 특징을 묘사하는 거예요. 단, 외모는 제외예요. 외모가 아닌 것들을 묘사해 보세요.

◆ **마법의 친구 기계 사용 설명서** ◆

다음에 나오는 목록 가운데에 중요하게 생각하는 친구의 특징에 동그라미를 치세요. 목록에 없는 다른 특징들은 빈칸에 적어 보세요.

내가 원하는 친구의 특성

내 의견을 들어주는
배려하는
활동적인
발랄한
모험심이 많은
동정심이 많은
용기 있는
자신감 있는
세심한
협동심이 많은
차분한
창의적인
힘을 주는
동기를 부여하는
활기찬

단정한
공정한
긍정적인
상냥한
인내심이 많은
재미있는
사이좋은
웃긴
태도가 좋은
관대한
존중하는
진실한
신뢰할 수 있는
이야기를 잘 들어 주는
독특한

성실한   즐거운
건강한   친절한
잘 도와주는   리더십이 있는
정직한   독립적인
다른 특성: _____   또 다른 특성: _____

_____   _____

이제 여러분이 가장 중요하게 생각하는 친구의 특성을 세 가지 뽑아 보세요. 왜 그런지도 적어 보세요.

그렇다면 나는 어떤 친구일까?

내 친구가 나의 어떤 점을 가장 좋아하는지 궁금하지 않나요? 아래 빈칸에 친구가 좋아한다고 생각하는 나의 장점을 세 가지 적어 보세요.

아마 친구는 나의 이런 점을 가장 좋아할 것이다 :

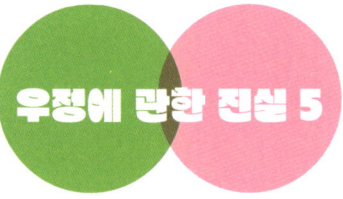

우정에 관한 진실 5

**좋은 친구가 될 수 있는 특성을 많이 가졌다고 해서
반드시 친구가 많은 것은 아니다.
친구가 엄청 많아도 그중에
꼭 좋은 친구가 있는 것도 아니다.**

사람마다 '친구가 되고 싶다.' 하고 생각하게끔 하는 어떤 특성이 있어요. 여러분이 친구를 사귈 때 중요하게 여기는 특성을 누가 가지고 있는지 한번 찾아보세요. 어딘가에 그런 친구가 분명 있을 거예요. 그런데 사실 친구를 잘 사귀고, 우정을 유지하는 가장 좋은 방법은 여러분 자신이 그런 좋은 점들을 가진 '좋은 친구'가 되는 거랍니다.

5장

어려운 감정을 건강하게 다루기

앞에서 친구를 잘 사귀고 우정을 유지하는 방법 가운데 하나는 바로 우리 자신이 좋은 친구가 되는 거라고 했어요. 하지만 우리는 완벽하지 않아요. 좋은 친구가 되려고 노력했지만 의도치 않게 실수를 할 수도 있답니다! 때로는 나중에 후회할 만한 말이나 행동을 친구에게 하기도 해요. 보통은 강렬한 감정을 느꼈을 때 이런 일이 벌어져요. 많이 속상하거나 화가 난 나머지 깊이 생각하지 않고 말을 내뱉거나 행동하는 거예요.

아영이와 나영이의 이야기

아영이와 나영이는 3학년 때부터 친한 친구 사이예요. 둘은 점심시간이면 항상 같이 앉아서 밥을 먹었고, 학교가 끝나면 함께 놀았어요. 그런데 5학년이 되었을 때 미영이가 새로 친구가 되었어요. 아영이는 미영이를 무척 좋아해요. 하지만 나영이는 아영이와의 사이에 다른 친구가 끼어드는 게 영 탐탁치 않았어요. 어느 순간부터 혼자 남겨진 듯한 기분이 들고 말았지요. 아영이를 교실 구석으로 불러서 "네가 계속 미영이랑 친하게 지낸다면 너는 더 이상 내 친구가 아니야."라고 말했어요. 그 말을 할 때 나영이는 속이 많이 상했어요. 마음이 뒤죽박죽이어서 무슨 말을 하는 줄도 몰랐어요. 나영이의 말을 들은 아영이도 마음이 상하기는 마찬가지였어요. 자신이 아영이의 마음을 다치게 했다는 걸 깨달은 나영이는 기분이 더욱 나빠졌어요. 그래서 학교가 끝나고 집에 가서 엄마한테 무슨 일이 있었는지 털어놓았어요. 이렇게 누군가한테 속상한 마음을 털어놓고 나면 좀 진정이 되고 기분이 나아지잖아요. 나영이도 엄마에게 이야기를 하고 나니 기분이 좀 나아졌어요. 그리고 이 일을 해결하기 위해서 무엇을 해야 할지 생각할 수 있게 되었어요.

다음 날 나영이는 아영이에게 가서 이렇게 말했어요.

"아영아, 미안해. 네가 미영이랑 친해졌다고 해서 더 이상 내 친구가 아니라는 그런 말은 하지 말았어야 하는데, 정말 미안해. 가끔 나만 혼자 남겨진 것 같은 기분이 들었어. 그래서 그런 거야. 하지만 다음에는 그런 기분이 들더라도 그러지 않을게. 내 마음을 더 잘 전하려고 노력할게."

나영이가 자신이 내뱉은 말에 책임을 지고 진심으로 사과한 덕분에 아영이는 사과를 받아들였어요. 우정이 다시 돌아왔답니다!

친구 사이에서 벌어지는 이런 일이 서로를 더 잘 이해할 수 있는 기회가 되기도 해요. 잠시 마음이 상했었지만, 앞으로는 서로의 감정을 더 잘 이해하고 다독일 수 있을 거예요.

화나 두려움, 슬픔처럼 거대한 감정들은 정말 불편해요. 하지만 이런 감정들이 꼭 나쁜 건 아니에요. 우리가 겪는 감정은 어떤 것이든 그대로 다 괜찮아요. 다만, 이런 불편한 감정들을 겪을 때 건강한 방법으로 해소할 수 있어야 해요. 그런 방법을 익히려면 시간이 좀 필요하답니다.

불편한 감정을 건강하게 다루는 네 단계 방법

1. **멈추기** : 불편한 감정을 느낄 때는 일단 모든 말과 행동을 멈추세요. 그리고 몸에서 어떤 일이 일어나는지 느껴 보세요. 심장이 마구 뛰거나 얼굴이 화끈거리거나 배가 아프거나 이런 증상들이 느껴질 거예요. 평소에는 쉬운 일이지만 불편한 감정에 빠져 있을 때는 몸에서 일어나는 반응을 알아차리기가 무척 어려워요.

2. **심호흡하기** : 깊게 들이마시고 후 내쉬는 심호흡을 하면 마음을 진정시키는 데에 도움이 돼요.

3. **감정을 그대로 느끼기** : 불편한 감정을 무조건 피하는 대신에, 그 감정이 거쳐 가도록 그냥 내버려 두세요. 아래는 불편한 감정을 건강하게 흘려보내기 위한 방법이에요. 한번 해 보세요.
- 심호흡을 하고 조용한 장소에 가서 휴식을 취하며 마음을 진정시킨다.
- 산책을 하거나 운동을 한다.
- 믿을 수 있는 어른이나 친구에게 마음을 이야기한다.
- 어떤 감정을 느꼈는지 일기에 쓴다.

4. **대처하기** : 마음이 좀 진정되고 머릿속이 맑아지면 이제 어떻게 해야 할지 생각해 보세요.

불편한 감정을 느낄 때 하지 말아야 할 일들

1. 화풀이로 엉뚱한 사람의 기분을 상하게 하거나 자신을 화나게 만든 사람에게 나쁜 말이나 행동을 해서 되갚아 준다.

2. 자리를 박차고 그냥 나가 버리거나 마구 성질을 부린다.

3. 감정을 완전히 차단하고 아무것도 느끼지 않은 척한다.

나는 불편한 감정을 느낄 때 어떻게 대처할까?

어떤 감정이 느껴질 때 불편한가요?

그런 감정을 느낄 때 어떻게 하면 잘 해소할 수 있을까요? 여러분을 도울 수 있는 일을 떠올리고 써 보세요.

진심이 아닌 것 같은 사과를 받아 본 적이 있나요? 진심이 담긴 사과는 마음의 상처를 낫게 하지만, 진심이 담기지 않고 거짓으로 하는 사과는 상황을 더 나쁘게 만들 뿐이에요. 사과를 할 때는 그 속에 진심이 담겨 있어야 하고, 그러려면 자신이 한 실수에 대한 책임을 지려는 마음이 있어야 해요. 어떻게 해야 책임을 지는 거냐고요? 지난 일을 후회하고 있고, 다음에는 어떻게 다르게 행동할지를 친구가 알 수 있도록 해야지요.

앞에서 아영이는 나영이의 사과를 받아들였어요. 나영이가 아영이한테 했던 사과를 다시 한번 볼까요?

"아영아, 미안해. 네가 미영이랑 친해졌다고 해서 더 이상 내 친구가 아니라는 그런 말은 하지 말았어야 하는데,
(지난 행동에 책임을 지기)
정말 미안해.
(진심을 담아 사과하기)
그냥 가끔 나만 혼자 남겨진 것 같은 기분이 들었어. 그래서 그런 거야. 하지만 다음에는 그런 기분이 들더라도 그러지 않을게. 내 마음을 더 잘 전하려고 노력할게."
(다음에 어떻게 할지 말하기)

슈퍼 울트라 엄청나게 중요함!

> 자신의 실수에 대해 사과하려고 마음을 먹었다면 우선 칭찬할게요. 잘 생각했어요! 그런데 사과를 하기 전에 알아야 할 게 있어요. 진심 어린 사과를 한다고 해서 반드시 친구가 사과를 바로 받아들이라는 법은 없어요. 그럴 수도 있고 아닐 수도 있지요. 친구도 힘든 감정을 겪었을 테니 시간을 좀 주세요.

누구나 실수를 한다.

우리의 실수로 우정이 망가졌을 때는 어떤 잘못을 했는지 알아차리고 진심으로 사과해야 해요. 그리고 다시는 같은 실수를 하지 않도록 노력해야 해요.

불편한 감정을 다루고 건강한 방법으로 해소하는 일에도 연습이 필요하답니다. 연습할수록 더 잘하게 될 거예요.

6장

친구에게 내 생각을 똑똑하게 말하기

은주와 가희의 이야기
: 균형이 깨진 우정

은주와 가희는 베프예요. 지금까지 두 사람은 대체로 사이좋게 잘 지내 왔어요. 하지만 지난 몇 달간은 그렇지 않았어요. 은주는 계속 불만이 쌓였지요. 다 함께 뭘 할지 정할 때 가희가 자기 말을 잘 들어주지 않는 것 같았거든요. 다툼이 생기는 게 싫고 친구랑 잘 지내고 싶어서 가희가 하자는 대로 따랐지만, 은주는 점점 화가 나고 슬퍼졌어요. '가희가 정말 내 친구가 맞는 걸까?' 이런 생각도 하게 되었어요. 은주는 이 일을 엄마와 상의하기로 했어요. 엄마는 이 문제를 해결하기 위해서 어떤 선택을 할 수 있는지 생각한 뒤에 한번 적어 보라고 했어요.

은주는 이렇게 썼어요.

- **선택 1** : 아무것도 하지 않는다. 그러면 언젠가 문제가 사라질 것이다.
- **선택 2** : 또 이런 상황이 생기면 화를 낸다. 소리를 지르든 울어 버리든 하면 효과가 있을 것이다.
- **선택 3** : 다시는 가희와 놀지 않는다. 그리고 새 친구를 찾는다.
- **선택 4** : 가희에게 속상한 마음을 이야기하고 대화를 해 본다.

어떤 친구 관계에서든 충돌을 피할 수는 없어요. 아무리 친한 사이여도 그렇답니다. 진실한 우정도 때로는 장애물을 만나지요.
그래서 은주는 어떻게 했을까요?
은주는 4번을 선택했어요. 가희에게 이 일에 대하여 이야기하고 잘 풀어 보려고 했지요. 가희와 대화하면서 은주는 자기가 이 일로 얼마나 힘들었는지 상대방은 잘 몰랐구나 하고 깨달았어요. 친구에게 이런 이야기를 꺼내는 건 두려웠어요. 하지만 용기를 내서 이야기를 한 덕분에 마음이 조금은 풀렸어요. 그래서 이야기하기를 잘했다고 생각했어요.

친구에게 내 생각을 똑똑하게 말하려면?
- '나'를 중심으로 표현하기

친구에게 자기 생각을 소리 내어 말한다는 것은, 둘 사이에 생긴 문제를 해결하기 위하여 나의 감정과 내가 원하는 바를 친구에게 전하고 함께한다는 뜻이에요. 문제를 피하는 대신에 마주하고 다루면서 지금보다 더 나은 상황을 만들 수 있어요.

자기 생각을 표현하는 일에 있어 아무 어려움이 없는 사람도 있지만, 그렇지 않은 경우도 많아요. 속을 드러내서 겉으로 표현하기가 두려워 가능하면 피하고 싶어 하지요. '친구가 내 말을 귀 기울여 주지 않으면 어쩌지? 친구가 나한테 화를 내면 어쩌지?' 아마도 이런 생각 때문일 거예요. '친구가 이제 나와는 친구를 안 하겠다고 하면 어쩌지?' 이런 생각도 들 거고요.

맞아요. 다른 사람 앞에서 속마음을 소리 내어 표현한다는 건 분명 두려운 일이에요. 하지만 그만큼 무척 중요한 일이랍니다. 우리는 다른 사람들에게 우리가 어떻게 대접받고 싶은지를 가르쳐 주어야 해요. 가희에게 아무 말도 하지 않았다면 은주는 계속해서 자기 말이 무시당하는 기분이 들고 불만이 쌓이고 낙담했을 거예요. 친구 사이도 당연히 멀어졌겠지요? 친구 관계를 잘 유지하려면 친구에게 자신의 생각과 마음을 충분히 전달해야 해요. 말하지 않으면 상대방은 알 수 없어요.

다행스럽게도 친구에게 자신의 생각을 제대로 표현하는 좋은 방법이 있어요. 이 방법은 효과가 좋답니다. '나를 중심으로 표현하기'라고 불러요. 다른 사람을 비난하거나 판단하는 게 아니라 '나'의 이야기를 하는 소통 방식이기 때문이에요.

마음을 연결하는 표현 방법

다른 사람에게 자기 생각을 표현할 때 어떤 단어를 사용하느냐는 매우매우 중요해요! 여러분이 어떤 단어를 선택하느냐에 따라 상황이 크게 좋아질 수도, 크게 나빠질 수도 있어요. 적절하고 올바른 단어를 사용하여 말하려면 연습이 필요하지만, 일단 그렇게 말하는 방법을 익히면 사람들과의 관계를 잘 일궈 나가는 데에 도움을 주는 훌륭한 도구가 된답니다. 지금 당장 쓸모가 있을 뿐 아니라 앞으로의 삶 전체에서도 그럴 거예요!

표현을 잘해야 상대방이 내 마음을 이해할 수 있다.

'나'를 중심으로 표현하기

'나'를 중심으로 말하는 방법

"네가 _____ 할 때(행동)

내 기분은 _____ (감정)"

"왜냐하면 _____ (이유)"

중요한 점

'나'라는 단어를 사용하여 나의 감정을 표현하세요. "네가 내 기분을 망쳤어."처럼 '너'라는 단어를 사용하여 표현하면 친구는 더 이상 여러분의 이야기를 듣지 않고 자신의 입장을 방어하려고 할 거예요.

이미 벌어졌거나 계속해서 벌어지는 특정한 하나의 일에 대해서만 이야기하세요. 다른 여러 가지 많은 일을 끌어들이지 마세요. 한 번에 모든 것을 해결하려면 버거워요. 감정이 격해져서 어쩔 줄 모르고 말이 안 나올 수도 있어요.

"나는 네가 _____ 해 주었으면 좋겠어.(요청)"

차분하고 또렷한 목소리로 말하세요. 자신감을 잃지 마세요. 사용하는 단어만큼이나 목소리나 몸짓도 중요해요.

어려운 대화를 시작할 때 '너'를 먼저 두고 말하면("항상 네가 다 결정했잖아.") 상대방은 마치 공격을 받아서 자기 자신을 방어해야 할 것 같은 기분이 들게 돼요. 그럼 이런 식으로 대꾸할 거예요. "아냐. 그렇지 않아. 나는 그렇게 하지 않았어." 그리고 더는 여러분의 이야기를 들으려 하지 않을 거예요.
은주가 이렇게 말했다고 상상해 보세요.

있잖아. 우리 얘기 좀 해야 하지 않아? 너는 항상 뭐든 혼자서 다 정하잖아! 자꾸 그런 식으로 하면 이제 너랑은 친구 안 할 거야.

이 말을 듣고 가희는 어떻게 반응했을까요? '너'라는 말을 먼저 사용하여 말하기 시작하면 대화하는 내내 상대방을 계속 비난하거나 공격하는 것처럼 되고 말아요. 그러면 정작 내가 느낀 감정은 상대방에게 잘 전달되지 않아요. 은주는 '너'라고 먼저 말하는 대신에 '나'를 중심으로 이야기를 시작했어요.("나는 좀 속상해.") 그렇게 해서 상대방이 자신의 이야기에 귀를 기울일 수 있는 기회를 주었어요. 그리고 차분하게 마음을 담아 말했답니다.

"우리 잠깐 얘기 좀 할 수 있을까? 요즘 말이야. 나는 좀 속상해. 네가 내 이야기에 귀를 기울여 주지 않는 것 같아서 불편한 기분이 들었어. 나한테 좋은 생각이 떠오를 때도 있거든. 같이 정해야 할 일이 있을 때 교대로 결정하면 어떨까? 그러면 서로 공평할 것 같아."

어때요, 차이가 느껴지나요?

'너'라는 말은 사이를 멀어지게 해요

응수

"네가 _____하면 나는 _____하지 않을 거야!"

  (너를 좋아하지 않을 거야.

  너는 끼워 주지 않을 거야.

  너와 친구 하지 않을 거야.)

질책이나 비난

"너는 항상 _____이런 식이야!"

  (너 혼자 결정하잖아.

  너만 먼저 하잖아.)

"너는 절대 _____이렇게 안 하잖아!"

  (나한테 연락 안 하잖아.

  내 말을 안 듣잖아.)

'나'라는 말은 사이를 이어 주어요

감정의 공유 & 요청

"지금 내 마음은 _____
　　　　　　(감정)

네가 _____할 때 그런 마음이 들어.
　　(행동)

그건 _____하기 때문이야.
　　(이유)

그래서 _____ 이렇게 해 주면 좋겠어."
　　　　(요청)

'나'를 중심으로 표현하려고 마음을 먹고 준비를 해도 친구에게 말을 꺼내기는 여전히 두려울 거예요. 하지만 다시 떠올려 보세요. 우리는 다른 사람들에게 우리가 어떻게 대접받고 싶은지를 알려 줘야 해요. 우정을 건강하게 유지하는 데에 있어 매우 중요한 부분이랍니다. 친구 관계에서 문제가 생기고 그로 인하여 상처를 받고 있다면, 그 문제를 그냥 두기보다는 해결하려고 노력해 보세요.

'나'를 중심으로 표현하는 연습

여러분이 원치 않는 방식으로 친구가 계속 여러분을 대했던 경험이 있나요? 그때 어땠는지 적어 보세요.

_____

_____

_____

이제 그 일에 대하여 '나'를 중심으로 친구에게 어떻게 말할 수 있을지 아래를 채워 보세요.

"지금 내 마음은 _____
                              (감정)

네가 _____할 때 그런 마음이 들어.
            (행동)

그건 _____하기 때문이야.
            (이유)

그래서 _____ 이렇게 해 주면 좋겠어."
            (요청)

둘이 있을 때 차분하게 이렇게 말한다면 친구는 어떤 반응을 보일까요? 여러분의 생각을 적어 보세요.

_____

_____

_____

_____

_____

_____

다음에 친구가 여러분이 원치 않는 방식으로 여러분을 대할 때 앞에서 적은 것처럼 '나'를 중심으로 말해 보세요. 친구에게 말하기 전에는 충분히 연습을 하세요. 믿을 수 있는 어른의 도움을 받거나 거울 앞에서 말하기를 해 보세요. 차분하고 조용한 말투로 말해야 한다는 것을 잊지 마세요.

스스로 준비가 된 것 같다면 친구와 단둘이서 이야기할 수 있는 시간을 만들어 보세요. 조용한 공간에서 일대일로 얼굴을 마주 보고 말해야 해요. 이메일이나 문자, 다이렉트 메시지 같은 방법은 오해를 불러일으킬 우려가 있어요. 오히려 상황이 더 나빠질 수도 있답니다.

언제 '나를 중심으로 표현하기'를 해야 할까요?

친구 사이에서 내 마음이 자꾸만 다치는 일이 생길 때, 친구가 나를 아프게 하는 행동을 계속할 때 '나를 중심으로 표현하기'를 하세요. 내 말에 귀를 기울이지 않거나 거짓말을 하거나 나를 존중하지 않거나 함부로 대한다면 꼭 직접 이야기를 해야 해요.

언제 '나를 중심으로 표현하기'를 하지 말아야 할까요?

이야기를 했을 때 친구가 여러분을 놀릴 것 같거나, 여러분의 감정을 다른 사람에게 말하면 기분이 나쁠 것 같을 때, 그럴 때는 이 방법을 쓰지 않는 게 좋아요. 친구가 나를 많이 불편하게 만들고 불안하게 한다면 이보다 더욱 직설적으로 말하세요. "나에 대한 나쁜 소문을 그만 퍼뜨렸으면 좋겠어.", "네가 날 놀릴 때마다 기분이 좋지 않아. 이제 그만했으면 좋겠어." 이런 식으로요. 8장에서 갈등과 괴롭힘에 대처하는 법을 좀 더 알아볼게요.

'나를 중심으로 표현하기'로 말했는데도 친구가 듣지 않는다면요?

그래도 친구가 내게 나쁜 말이나 행동을 하고 내 마음을 아프게 한다면 그때는 다른 사람에게 도움을 청해야 해요. 그 친구가 아니라 다른 친구와의 우정에 힘을 쏟아야 할 때인지도 몰라요. 잊지 않았지요? 여러분은 스스로 친구 관계를 선택할 수 있어요. 건강한 친구 관계를 위해서 다른 선택이 필요한 순간도 있답니다.

슈퍼 울트라 엄청나게 중요함!

관계 속에서 중심을 잘 잡고 내 생각이나 의견을 표현하는 일은 매우 중요해요. 평생 익히고 실천해야 한답니다. 아무 표현도 하지 않는데 친구가 독심술사처럼 여러분의 마음을 읽을 수는 없어요. 여러분을 괴롭하거나 아프게 하는 일을 그냥 지나치고 무시한다면 아무것도 달라지지 않아요.

내가 무엇을 원하는지 친구가 알게 하려면 소리 내어 표현해야 한다.

지금까지 친구에게 하고 싶은 말을 잘 전달하는 방법에 대해서 알아보았어요. 그런데 상황이 애매해서 판단하기가 어려운 경우도 있거든요. 딱히 뭐라고 말해야 할지 잘 모르겠거나 말을 하는 게 맞는 건지 아닌지 헷갈리는 거예요. 다음 장에서는 그런 애매한 경우들에 대해서 다룰 거예요.

7장

애매한 친구 관계
- 이럴 때는 어떻게 하지?

어떻게 해야 하는지 확신이 잘 서지 않을 때는 문제가 생겨도 애매한 채로 그냥 두게 돼요. 다음에 나오는 친구들의 이야기가 바로 그런 경우예요. 이런 상황일 때 나라면 어떻게 할지 다른 친구들의 의견도 모아 보았어요. 다 읽고 나면 딱 맞는 하나의 정답은 없다는 걸 알게 될 거예요.

친구 관계에서 문제가 생겼을 때 가장 중요한 건 여러분 자신이 맞다고 느끼는 방법으로 그 문제에 대처하는 일이에요. 이야기에 나오는 것처럼 애매한 친구 관계에 놓였다면 여러분은 어떻게 할 건지 생각해 보세요.

미정이의 이야기
"중간에 끼어서 난처해요."

미정이에게는 좋은 친구 둘이 있어요. 그 둘이 서로 친하지는 않아요. 세 친구는 학교에서 자주 어울렸는데, 그러다 보면 결국 미정이를 제외한 나머지 두 친구가 자주 싸우게 돼요. 미정이는 두 친구 사이에서 꼼짝도 할 수가 없어요. 너무 속상해요. 두 친구 다 좋아하지만, 어떻게 해야 이런 상태에서 벗어날 수 있을지 잘 모르겠어요.

아래에 미정이의 고민을 해결하는 데에 도움이 될 만한 몇 가지 아이디어가 있어요. 이 가운데 어떤 해결책이 미정이에게 가장 잘 맞을지 생각해 보세요.

- 나라면 싸움에서 물러나 있을 거야. 두 사람이 문제를 해결할 때까지 다른 친구들하고 놀 것 같아.
- 동전 던지기라도 해서 두 사람 중 하나를 선택할래.
- 일단 두 사람이 다투는 이유가 혹시 나 때문은 아닌지를 알아볼 것 같아. 그게 아니라면 한발 물러서서 두 사람이 문제를 해결하도록 두는 게 좋겠어.
- 믿을 수 있는 어른에게 고민을 털어놓고 어떻게 해야 하는지 조언을 들어 볼 것 같아.

그래서 미정이는 어떻게 했을까요?

미정이는 함께 어울려 놀 수 있는 다른 친구들을 더 많이 찾았어요. 다 함께 어울려 놀았더니 흥미롭게도 자주 싸우던 두 친구가 더 큰 무리의 친구들 사이에서는 사이좋게 잘 지냈어요. 미정이의 입장에서는 간혹 두 친구가 다투는 일이 생기더라도 서로 화해할 때까지 잠시 둘 수 있는 여유가 생겼어요. 그때까지 미정이는 다른 친구들과 함께하면 되니까요.

미정이처럼 중간에 껴서 이도저도 못하는 난처한 상황에 처한다면 여러분은 어떻게 할 건가요?

예은이의 이야기
"소문 이야기는 싫어요."

예은이한테는 친한 친구가 있어요. 그런데 그 친구는 소문에 대하여 이야기하는 걸 좋아해요. 같이 뒷담화를 하고 나면 예은이는 기분이 나빠요. 다른 친구들도 자기가 없을 때면 자기 이야기를 할까 궁금해져요. 다른 친구들과 이야기할 때마다 점점 불안해지고 말하기가 두려워졌어요. 예은이는 친구에게 소문에 대한 이야기를 그만하자고 했어요. 하지만 딱히 더 무엇을 해야 할지 잘 모르겠어요.

이번에도 이럴 때 어떻게 하면 좋을지 친구들이 의견을 냈어요. 한번 살펴보세요.

- 자꾸 험담을 하더라도 그 친구가 정말 멋지고 좋다면 계속 같이 놀긴 할 것 같아. 하지만 다른 친구들도 더 찾아볼래. 그리고 다른 사람들이 나에 대하여 뭐라고 생각하는지는 별로 중요하지 않다고 여기려고 노력할 거야. 그보다는 내가 나 자신을 어떻게 생각하는지가 중요하잖아. 아마 소문을 좋아하는 그 친구는 마음으로 가까운 친구보다는 그냥 어울리는 친구가 더 많을 거야.
- 나라면 그 친구하고는 그만 어울리고 다른 친구를 사귈 것 같아. 그리고 나

에 대하여 뭐라고 말하든 신경쓰지 않을 거야.
- 친구에게 뒷담화를 그만해 달라고 말할 것 같아. 그래도 계속한다면 어쩔 수 없잖아. 다른 친구를 사귀어야지.
- 친구에게 내가 어떤 기분인지 말해야 한다고 생각해. 그래도 내 말을 들어 주지 않는다면 믿을 수 있는 다른 친구를 사귀는 게 좋을 것 같아.
- 친구가 다른 사람 험담을 하면 나는 그냥 무시할래. 그리고 다른 주제로 이야기를 돌릴 것 같아.

그래서 예은이는 어떻게 했을까요?

다음에 또 친구가 다른 사람 험담을 하기 시작했을 때 예은이는 차분하게 친구에게 말했어요. 다른 사람이 없을 때 흉을 보거나 소문을 이야기하면 기분이 나쁘다고요. 친구는 좀 당황했지만, 곧 대화 주제를 바꾸어 다른 이야기를 했어요. 예은이는 이 문제를 해결하기 위해서 시간을 좀 두고 살펴보기로 했어요. 친구가 소문 이야기를 그만하려면 이렇게 여러 번 반복해야 한다는 걸 깨달았거든요.

뒤에서 다른 사람의 흉을 자꾸 보는 친구가 있다면 여러분은 어떻게 할 건가요?

지민이의 이야기
"짝이 베끼기 선수예요."

지민이는 학교에서 친구와 나란히 앉게 되었어요. 그런데 어느 날 친구가 지민이의 숙제를 베끼는 걸 발견했어요. 숙제를 보여 주지 않으려 하자, 친구는 오히려 지민이를 원망하며 기분을 상하게 했어요. 지민이는 이 친구를 좋아하지만, 숙제를 베끼는 건 나쁘다고 생각해요. 어떻게 해야 할지 잘 모르겠어요.

이 상황을 어떻게 풀어야 할지 친구들의 의견을 살펴보세요.

- 선생님께 짝을 바꿔 달라고 말씀드리는 게 좋을 것 같아.
- 친구한테 숙제를 스스로 하는 게 더 나을 것 같다고 말하면 어떨까? 내 숙제가 다 맞는다고 볼 수도 없고, 오히려 네가 더 잘할지도 모른다고 말하는 거야.
- "너는 정말 똑똑하잖아. 네가 직접 할 수 있을 거야."라고 말해 볼래.
- '나를 중심으로 표현하기'를 해 볼 것 같아. 이렇게 말이야. "네가 내 숙제를 베끼면 내가 너무 불안해. 왜냐하면 그건 규칙을 어기는 거고, 너한테도 별 도움이 되지 않으니까. 그래서 네가 그만 베꼈으면 좋겠어."

그래서 지민이는 어떻게 했을까요?

지민이는 친구의 행동이 자신이 원하는 것과는 거리가 멀다는 사실을 깨달았어요. 친구가 자신을 이런 식으로 대하기를 원하지 않았어요. 지민이는 집에서 '나를 중심으로 표현하기'를 연습했어요. 친구가 다시 자신의 숙제를 베끼려고 했을 때, 지민이는 자신의 생각을 친구에게 표현해야겠다고 마음먹었어요. 며칠 뒤에 지민이는 친구에게 이렇게 말했어요.

"네가 내 숙제를 베끼려고 하면 불안하고 긴장돼. 그건 잘못된 일이잖아. 더 이상 그렇게 하지 않았으면 좋겠어."

자기 자신이 이렇게 차분하고 자신 있게 자기 생각을 말할 수 있다는 사실에 지민이는 스스로 놀랐어요. 친구도 놀라기는 마찬가지였지요. 그리고 이날 이후로는 지민이의 숙제를 베끼려고 하지 않았어요.

만약 친구가 자신의 숙제를 베낀다면 여러분은 어떻게 할 건가요?

_____

_____

채원이의 이야기
"친구가 자기 생각만 고집해요."

채원이의 친구 중 하나는 채원이의 생각에는 관심이 없어요. 이 친구와 함께 있으면 기분이 나쁘고 무시당하는 느낌이 들어요. 채원이는 친구에게 자신의 생각도 받아들여 주면 좋겠다고 몇 번이나 말했어요. 하지만 별 소용이 없었지요. 이제 더 무엇을 해야 할지 잘 모르겠어요.
채원이에게 도움이 될 만한 아이디어가 있을지 다른 친구들의 의견을 살펴보세요.

- "지금까지 계속 네 생각대로 했으니까 이번에는 내 생각대로 해 보면 어떨까?"라고 말할래.
- "오늘은 내 생각대로 하면 어때?"라고 말해 보고, 친구가 싫다고 하면 그동안 친구의 생각대로 했던 일들을 꺼내서 말할래. 그래도 소용이 없으면 다음에는 다른 친구랑 놀 것 같아.
- 내게도 이런 식으로 항상 자기가 원하는 대로만 하려는 친구가 있었거든. 친구에게 그만 좀 하라고 직접 말했더니 효과가 좀 있었어.

채원이는 그동안 친구에게 자신의 생각을 말하면서 '나'를 중심으로 표현하지 않았다는 걸 알게 되었어요. 대부분 이렇게 말하곤 했지요. "항상 네가 선택하잖아. 이건 불공평해." 이런 말을 들은 친구는 자신의 입장을 방어하면서 "나는 그런 적 없어!"라고 대꾸했어요.

그래서 이번에는 '나를 중심으로 표현하기'를 연습했어요. 다시 친구가 자신의 의견을 무시하려고 할 때, 채원이는 이렇게 말했어요. "네가 매번 내 의견을 들어주지 않아서 마음이 너무 아파. 번갈아 가면서 원하는 대로 했으면 좋겠어."

친구는 얼마 동안은 채원이의 말대로 하는 것 같았지만, 곧 다시 채원이의 의견을 무시했어요. 채원이는 잠시 친구와 떨어져 있기로 결심했어요.

친구가 여러분의 의견을 무시한다면 어떻게 해야 할까요?

수연이의 이야기
"따라쟁이 친구 때문에 난처해요."

수연이와 가장 친한 친구는 수연이처럼 옷 입기를 좋아해요. 수연이처럼 그림 그리기도 좋아하고, 수연이가 하려는 건 무엇이든 똑같이 해요. 수연이는 친구의 행동이 거슬리기 시작했어요. 친구가 자기 자신의 의견을 표현하고 행동했으면 좋겠다고 생각했지만 이런 생각을 말로 하면 친구가 상처받을까 봐 걱정이 돼요. 어떻게 해야 할까요?

수연이에게 도움이 될 만한 친구들의 의견들을 모아 보았어요.

- 내가 하는 게 좋아 보이니까 친구가 따라 하는 게 아닐까? 그냥 그렇게 편하게 생각할래.
- 나는 딱 한 사람이고, 너 역시 그렇다고 친구에게 말할 거야. 각자의 개성이 중요하다고 말이야.
- 친구의 생각을 먼저 들으면 어때? 그다음에 내 생각을 말하면 각자 자신의 생각을 말하는 셈이잖아.
- 내 동생도 그랬어. 나를 자주 따라 해서 신경이 쓰였는데, 자기가 알아서 하도록 내버려 두었더니 매번 따라 하지는 않더라고.

그래서 수연이는 어떻게 했을까요?

수연이의 친구는 아마도 자신감이 부족한 것 같아요. 그래서 수연이를 따라 한 걸지도 몰라요. 수연이도 이런 사실을 깨닫게 되었어요. 가만히 돌이켜 생각해 보니 자신도 예전에 그런 적이 있었어요. 수연이는 친구에게 용기를 북돋워 주기도 했어요. 자신이 친구의 생각에 충분히 귀 기울이고 있다고 말했지요. 친구는 자신이 그림을 못 그린다고 생각했대요. 수연이의 그림을 따라 그린 건 그런 이유에서였어요. 친구는 이후로도 수연이의 그림을 따라 그렸어요. 하지만 옷 입기에서만큼은 자신만의 개성 있는 스타일을 찾은 것 같아요. 수연이의 응원이 큰 힘이 되었답니다.

만약 친구가 항상 여러분하고 똑같이 하기를 원한다면 여러분은 어떻게 할 건가요?

_____

_____

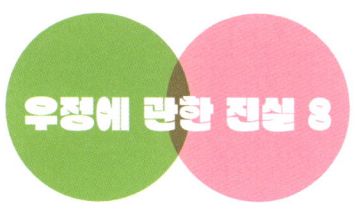

우정에 관한 진실 8

**친구 관계에서 문제가 생겼을 때는
자신이 옳다고 느끼는 방식으로 대처해야 한다.**

친구 관계에서 생긴 문제를 해결할 수 있는 방법은 보통 딱 하나가 아니고 여럿이에요. 지금 이 상황에서 선택할 수 있는 일들을 모두 떠올려서 적어 보면 여러분 자신이 옳다고 느끼는 해결책을 찾기가 쉬울 거예요.

가장 마음에 드는 해결책을 고른 뒤에는 그 일을 한번 시도해 보세요. 이번에 잘 안되면 다음에 다른 방법을 시도하면 돼요.

우정은 여행과 같아요. 여행길에서는 흔히 크고 작은 문제와 어려움이 생기곤 하잖아요. 친구와 우정을 쌓아 가는 과정에서 문제가 생겼을 때 그 상황을 피하지 말고 해결하려고 노력하세요. 그래야 친구와의 우정이 더 돈독해진답니다.

8장

갈등과 괴롭힘에 대처하기

사람과 사람 사이에서 생기는 갈등이나 충돌을 무조건 피할 수는 없어요. 10대 친구들 사이에서도 갈등이나 충돌이 자주 벌어지지요. 친구에게 비밀을 말했는데 삽시간에 친구들 사이에 퍼졌을 때, 나만 빼고 친구들끼리 모여 놀러 갔을 때, 나를 이해해 주지 않거나 말다툼이 벌어졌을 때 등의 예시가 있어요.

앞에서 우정 피라미드에 대하여 배운 내용을 떠올려 보세요. 서로 이해하지 못해서 생기는 변화 또한 친구 관계의 일부분이라고 했어요. 그리고 우리는 모두 실수를 해요. 나중에 후회가 되는 말이나 행동도 하지요. 그런데 가끔은 친구들이 실수가 아니라 일부러 못되게 구는 것 같은 일이 벌어져요. 그런 상황은 매우 고통스럽고 헤쳐 나가기가 어려울 거예요.

그럼 어떻게 해야 할까요?
문제를 분명하게 이해하는 일부터 시작하세요. 일단 갈등과 일방적인 괴롭힘은 달라요. 친구의 괴롭힘을 단순한 충돌이라고 생각한 적이 있나요? 혼동하기 쉽지만, 둘 사이에는 분명 차이가 있어요.

 ## 갈등이나 충돌 vs 괴롭힘

갈등이나 충돌 : 사람들 사이에서 벌어지는 부딪힘이나 싸움을 말해요. 갈등이나 충돌은 흔해요. 이 책의 대부분이 갈등이나 충돌을 다루는 내용이에요. 무례한 말이나 행동, 거부당하는 느낌, 기분을 상하게 하는 일, 동의 없이 내가 나온 사진을 소셜 미디어에 올리는 일, 생각이 달라서 생기는 일 등등 갈등을 빚는 원인은 수도 없이 많아요.

괴롭힘 : 한 사람 혹은 여럿이서 스스로를 방어하지 못할 것처럼 보이는 누군가를 반복해서 공격하거나 압력을 가하고, 조롱하거나 피해를 입히고, 몸과 마음을 손상시키는 일을 말해요.

기술이 발달하고 온라인 생활이 늘어나면서 괴롭힘의 영역이 온라인으로 확대되고 있어요. '사이버불링(cyber bullying)'이라는 말을 들어 보았나요? '불링'은 괴롭힘을 뜻해요. 사이버불링 또는 사이버 폭력은 현대의 기술을 이용해요. 소셜 미디어나 핸드폰 문자 메시지, 메신저 서비스, 이메일, 웹사이트 등을 통하여 대상이 되는 사람을 모욕하고 위협하고 깎아내리지요.
단순한 갈등이든 괴롭힘이든 대처하기 어렵기는 마찬가지지만, 요즘은 특히 사이버불링이 심각해졌어요. 왕따나 사이버불링 등은 비극적인 결과를 가져올 수 있어서 주의해야 해요.

갈등에 관해서도 무조건 들어맞는 하나의 해결 방법은 존재하지 않아요. 앞에서 친구 사이에 생긴 어려움을 해결하기 위하여 무엇을 했나요? 선택할 수 있는 일들을 적어 보고 그 가운데 가장 옳다고 생각하는 방법을 시도해 보았지요. 갈등이 생겼을 때도 이렇게 해야 해요.

친구 사이의 갈등을 해결해야 할 때 다음에 나오는 내용을 참고해 보세요.

갈등에 대처하는 방법들

- 먼저 나 자신을 잘 돌본다. 나의 감정도 잘 돌본다. 그래야 이 문제를 어떻게 풀어야 할지 명확하게 생각할 수 있다.(5장과 10장을 보세요.)
- 갈등이 벌어지기까지 나의 말과 행동이 어떠했는지, 왜 이런 갈등이 생겼는지 여러 측면에서 생각해 본다. 대부분의 갈등 상황은 겉보기보다 원인이 복잡하다.
- 그래야 한다는 판단이 들면 나의 행동에 대하여 사과를 한다.
- 다른 사람을 존중하되, 나의 입장에 대해서도 내세울 줄 알아야 한다.
- 대화할 때는 '나'를 중심으로 표현한다.(6장을 보세요.)
- 비열하거나 심술궂은 방법으로 대응하지 않는다. 이런 시도는 상황을 악화시킬 뿐이다.
- 이 문제에 지나치게 몰두하지 않는다. 별로 중요하지 않은 일은 그냥 무시하는 게 나을 수도 있다. 아니면 지금은 문제를 잠시 접었다가 나중에 다시 펼쳐서 생각해 봐도 된다. 그때 더 좋은 생각이 떠오를 수도 있다.
- 믿을 수 있는 어른과 이 문제를 어떻게 해결해야 할지 상의한다.

갈등이 생기면 피하고픈 생각부터 들지도 모르겠어요. 갈등을 풀어 나가는 과정이 쉽지 않기 때문이지요. 만약 갈등 관계에 놓인 사람과 대화하기로 마음을 먹었다면, 어떻게 말해야 할지 충분히 계획하고 연습하세요. 차분하고 자신감 있게 말할 수 있게 될 때까지요.

준비가 되었다면 따로 대화를 하기에 적당한 때와 장소를 찾아보세요. 도움을 청해야 할 만큼 위험한 상황이 아니라면 다른 사람은 끌어들이지 않는 게 좋아요. 또한 대화하는 자리가 서로 공격하고 화를 분출하는 기회가 되어서는 곤란해요. 대화의 목적을 자신의 진심을 전하는 일에 두어야 해요. 내가 잘못한 부분이 있다면 나의 말이나 행동에 책임을 지고, 다른 사람을 배려하며 존중하기 위한 대화여야 해요. 이 모든 게 쉬운 일은 아니지요. 하지만 중요한 삶의 기술이에요. 앞으로 살면서 갈등을 마주 대할 일이 종종 있을 거예요. 시간이 걸리더라도 갈등에 대처하는 방법을 꼭 익혀야 한답니다.

갈등이 아닌, 괴롭힘에 대처하는 방법들

누군가를 괴롭히는 행동은 무조건 멈춰야 해요. 아마 혼자 힘으로는 해결이 어렵고 어른의 도움이 필요할 거예요. 만약 괴롭힘을 직접 경험하거나 목격한 경험이 있다면 다음 내용이 도움이 될 거예요.

- 부모님, 선생님 등 믿을 수 있는 어른에게 어떤 상황인지 이야기하고 도움을 청한다.
- 당당한 태도를 취한다. 아래와 같이 이 상황에 휘말리지 않겠다는 표현을 한다. 물리적인 힘을 써서 맞대응할 필요는 없다.
    - "이런 일은 그만했으면 좋겠어."
    - "내가 이런 일을 당해야 할 이유가 없어."
    - "이건 정말 나쁜 짓이야."
    - "나한테 화풀이하지 않았으면 좋겠어."
    - "이런 말은 무시할 거야."
- 침착하게 빠져나와 사람들이 많은 장소로 간다. 괴롭힘을 당하거나 피해를 입은 아이를 목격했다면 도움을 청하러 간다.
- 괴롭힘을 당하는 사람이 자기 자신이든 다른 친구든 꼭 기억해야 한다. 누구도 이런 대접을 받을 이유가 없으며, 이 상황은 괜찮지 않다.

슈퍼 울트라 엄청나게 중요함!

> 괴롭힘이 반복해서 일어난다면 믿을 수 있는 어른에게 꼭 털어놓아야 해요. 어느 누구도 이런 취급을 받아서는 안 돼요. 어른들이 온라인에 공개된 여러분에 대한 정보를 삭제하도록 도와주고, 여러분이나 다른 피해 학생들이 안전하도록 조치를 취해 줄 거예요.

지윤이의 이야기
"친구들에게 따돌림을 당했어요."

지윤이와 몇몇 친구들은 여러 해 동안 친하게 지내 왔어요. 하지만 6학년이 되자, 사정이 달라졌어요. 친구들은 더 이상 지윤이와 함께 있고 싶어 하지 않았어요. 지윤이가 친구들 사이에 있을 때에도 친구들은 지윤이만 빼놓고 자기들끼리 서로 눈짓을 하고 낄낄거렸어요. 가끔은 아예 지윤이를 피하기도 했지요.

지윤이는 혼란스럽고 마음이 아팠어요. 자신이 무엇을 잘못했는지, 앞으로 어떻게 해야 하는지 도무지 알 수 없었어요. 그저 이 상황이 좀 나아졌으면 하고 바랐지만, 그렇게 되지 않았어요. 오히려 따돌림은 더 심해졌어요. 친구들은 지윤이의 비밀을 농담처럼 사람들에게 이야기하거나 지윤이에 대한 나쁜 글을 쪽지에 적어 학교에 돌리기도 했어요.

지윤이는 친구들이 어떤 행동을 하는지 몇 번이나 엄마에게 이야기했지만, 처음에 엄마는 심각하게 받아들이지 않았어요. 지윤이가 과장해서 이야기한다고만 생각한 거예요. 마침내 지윤이는 학교에 못 가겠다고 했어요. 그때서야 엄마는 놀라서 지윤이의 이야기를 진지하게 듣고 지윤이가 얼마나 괴로웠는지 알게 되었어요.

엄마는 지윤이와 함께 학교 상담 선생님과 만남을 가졌어요. 상담 선생님의 도움으로 이 상황에 어떻게 대처해야 할지 알게 된 뒤, 지윤이는 친구들에게 자신의 생각을 표현하기로 결심했어요. 다음에 다시 친구들이 지윤이를 두고 놀렸을 때, 지윤이는 당당한 자세를 취하고 차분하게 "이건 정말 나쁜 일이야."라고 말하고 나서 그 장소를 떠났어요.

시간이 꽤 오래 지난 뒤에 지윤이는 새 친구를 사귈 수 있게 되었어요. 둘은 서로를 친절하게 대하고 아껴 주는 좋은 사이가 되었지요. 지윤이는 이제 좋은 친구 사이가 어떤 것인지 알게 되었어요.

이럴 때는 어떻게 해야 할까?

다음에 나오는 여러 상황에 대하여 읽고, 이런 상황에서 어떻게 대처하는 게 최선일지 써 보세요. 앞에서 나온 대처 방법을 그대로 써도 좋지만, 자신만의 생각도 한번 써 보세요.

이런 상황을 떠올리는 것만으로도 여러분은 불편함을 느낄지 모르겠어요. 하지만 나중에 혹시 생길지 모르는 어려운 상황에 대비하려면 이런 연습도 필요하답니다.

상황 1 : 전에 친했던 친구가 갑자기 나에 대한 나쁜 소문을 학교에 퍼뜨렸다. 그 소문을 들은 어떤 친구는 나와 말도 섞지 않으려고 한다.

_____

_____

_____

_____

상황 2 : 우리 반에 괴롭힘을 당하는 아이가 있다. 어떤 친구들이 그 아이가 원치 않는 장난을 치고, 이상한 별명을 붙이며 놀린다. 선생님이 교실을 떠나자 그 아이는 또다시 괴롭힘을 당하기 시작했다.

_____

_____

_____

_____

상황 3 : 친구가 생일 파티에 나를 초대하지 않았다. 나만 빼고 친하게 지내는 다른 아이들은 모두 초대했다.

___

___

___

___

상황 4 : 친구 사이에서 벌어지는 또 다른 갈등 상황을 경험했거나 목격한 적이 있다면?

___

___

___

___

그 일이 다시 벌어진다면 어떻게 대처할 수 있을까?

___

___

수아의 이야기
"계속 새 친구를 사귀어야 해요."

"부모님의 직장 때문에 우리 가족은 거의 매년 이사를 해요. 이미 네 학교를 거쳤어요. 이사를 하고 나서 새 동네, 새 학교, 새 친구에 익숙해질 때쯤이면 다시 떠날 준비를 해야 해요.

학교를 옮길 때마다 새 학교에서 잘 적응할 수 있을지 불안해요. 새 학교의 친구들이 나를 좋아해 줄지, 새 친구를 사귀려면 또 얼마나 힘들지 많이 걱정돼요. 새 학교에 등교하고 나서 며칠은 외롭기도 하고, 낯설고 어색해요. 하지만 조금 지나면 새 친구를 사귈 수 있게 돼요. 긴장해서 속이 막 타들어 가고 배가 아파 오지만, 친구들 앞에서는 항상 웃고 친절하게 보이려고 노력해요. 성격이 나빠 보이면 아무도 친구가 되어 주지 않을 거라고 생각하거든요."

매번 새 친구를 사귀려니 힘들어요.

새 친구를 사귀는 첫걸음

누구나 살면서 어느 때엔가는 새 친구를 사귀어야 해요. 친한 친구가 이사를 가거나 가까운 친구와의 관계가 건강하지 않다는 걸 깨닫는 순간에 그래야 할 수도 있지요. 새 친구를 찾거나 다시 친구를 사귀는 건 두렵지만, 동시에 재미있는 일이 될 수도 있어요. 새 친구를 사귀어야 할 때 아래의 내용을 참고해 보세요.

- 어떤 친구를 사귀고 싶은지, 나 자신은 어떤 친구가 되고 싶은지 생각해 본다.
- 호감 가는 사람이 되려고 노력한다. 웃는 표정으로 사람들을 대하고, 먼저 인사를 건네고, 관심이 가는 친구에게 질문도 던져 본다.
- 사람들을 만날 수 있는 활동에 참여한다. 억지로가 아니라 스스로 즐길 수 있는 활동이어야 한다.

즐거운 마음으로 친구에게 다가갈래요.

어떻게 말을 꺼내야 할까?

학원에 처음 가게 되었는데 아는 친구가 하나도 없다면? 생일 파티에 초대받았는데 생일인 친구 말고는 아는 사람이 없다면? 이럴 때 처음 보는 사람과는 어떻게 대화를 시작해야 할까요?

- 일단은 편안한 마음으로 미소를 짓는다.
- 아래처럼 가벼운 질문을 던져 본다. 캐묻는 것처럼 하지 말고 자연스럽게 질문한다.
    - "좋아하는 운동이 뭐야?"
    - "생일인 친구와는 어떻게 아는 사이야?"
    - "선물로 뭐 준비했어?"
- 상대의 대답을 잘 듣는다.
- 이야기를 주고받다가 적당한 때에 자기소개를 한다.

새 친구를 사귀려면 어떻게 해야 할까?

사람들은 긍정적이고 친절하고 잘 웃고 인사를 잘하는 사람에게 끌려요. 그리고 대부분의 사람들은 자기 이야기를 하는 걸 좋아해요. 상대방에게 질문을 던져서 자신의 이야기를 편하게 꺼낼 수 있게 해 보세요. 좋은 대화의 시작이 될 거예요.
다음에 나오는 상황에서 새 친구를 사귀려면 어떻게 해야 할지 적어 보세요.

새로 학원에 간 날 : 태권도 학원에 다니기로 했다. 태권도는 처음 해 본다. 학원에는 아는 아이가 하나도 없다. 나 말고 다른 아이들은 모두 서로 잘 아는 것 같다. 어떻게 해야 하지?

_____

_____

다른 친구를 새로 사귀어야 할 때 : 가장 친한 친구와의 관계가 틀어졌다. 이 관계가 건강하지 않다는 걸 최근에 깨닫고, 친구와 잠시 거리를 두기로 했다. 새 친구를 사귀어야 할 때인 것 같은데 어떻게 해야 할까?

_____

_____

어색한 생일 파티 : 어쩌다 보니 같은 반 아이의 생일 파티에 가게 되었다. 그런데 가서 보니 나를 초대한 친구 말고는 아는 사람이 하나도 없다. 하지만 친구는 파티의 주인공이라서 바쁘다. 나를 따로 챙겨 줄 여력이 없어 보인다. 어떻게 해야 할까?

_____

_____

반 친구가 아직 없을 때 : 개학 첫날이다. 대부분 모르는 아이들과 한 반이 되었다. 친한 친구가 하나도 없다. 어떻게 해야 하지?

_____

_____

슈퍼 울트라 엄청나게 중요함!

언제든 처음부터 다시 시작해서 친구를 새로 사귀어야 하는 상황에 처할 수 있어요. 여러분은 어떤 장점을 가진 친구를 사귀고 싶은지, 친구들은 여러분의 어떤 점을 좋아하는지 한번 생각해 보세요. 나와 잘 맞는 친구를 사귀기 위해서는 반 친구들과 취미 생활을 공유하거나, 과제를 같이 준비하거나, 함께 체험 활동을 해 보는 것도 좋은 방법일 것 같아요.

10장

마음이 힘들 때 자신을 돌보기

탄탄하고 진실한 우정을 쌓기까지는 어려운 과정도 거쳐야 해요. 좋은 친구 관계를 맺고 있더라도 크고 작은 문제는 생기기 마련이지요. 친한 친구 사이라고 해서 늘 사이가 좋지만은 않으니까요. 친구 문제로 힘든 시기가 찾아와 마음이 울적해졌을 때는 어떻게 자신을 돌봐야 할까요?

다정이의 이야기
"나쁜 감정은 감추게 돼요."

"우리 가족은 모두 활발해요. 유쾌한 가족 덕분에 보통은 정말 즐거워요. 하지만 가끔 학교에서 힘든 일이 있어서 슬프거나 속상할 때는 어떻게 해야 할지 잘 모르겠어요. 이런 감정은 나쁘다고 생각하거든요. 이런 감정을 가져서는 안 된다고 생각해요. 그래서 가족들 앞에서는 슬프고 속상한 감정을 감추고 아무 일도 없는 것처럼 행동하게 돼요. 그러다가 결국에는 갑자기 감정들이 폭발하듯 터져 나와요. 소리를 지르거나 화를 내거나 눈물을 흘리는 내 모습을 보고는 다들 깜짝 놀라요."

몸의 건강을 돌보듯 마음의 건강도 돌보기

다쳐서 몸에 상처가 나거나 병이 나서 아프면, 약을 바르고 병원에 가고 충분한 휴식을 취하지요. 하지만 마음이 다치거나 병이 났을 때는 어쩔 줄을 모르게 돼요. 슬픔이나 화, 외로움처럼 다루기 힘든 감정을 겪을 때 먼저 나 자신부터 잘 돌봐야 한다는 사실을 잊지 말아요. 마음의 건강도 몸의 건강처럼 똑같이 잘 돌보아야 해요. 평소에도 내가 어떤 감정을 느끼고 있는지 잘 살펴보세요.

다른 친구들은 기분이 좋지 않고 힘든 감정을 겪을 때 자기 자신을 어떻게 돌볼까요? 친구들의 경험담을 들어 보세요.

- 나는 이모에게 털어놓고 대화를 했어. 이모는 다정하고 내 이야기를 잘 들어 주거든. 이모와 이야기를 하고 나면 기분이 한결 나아져.
- 내가 마음을 다독이는 방법은 일기 쓰기야. 힘든 감정을 글로 쓰면 그 감정을 차분히 들여다볼 수 있어. 그리고 기분이 좀 나아져서 어떻게 해야 할지 생각하는 데에도 도움이 돼.
- 나는 반려견이랑 산책을 나가. 잠깐 걷고 가볍게 운동을 하고 돌아오면 기분이 훨씬 좋아져.
- 나는 그냥 좋아하는 음악을 틀어 놓고 내 방에서 푹 쉬는 게 제일 좋아.
- 나는 내키는 대로 그림을 그리거나 낙서를 해. 가끔 손으로 뭔가 만들기도 하고. 창의적인 활동을 하면 마음이 차분해지는 것 같아. 조용히 생각할 수 있는 시간이 되어서 좋아.

다정이의 두 번째 이야기
"묻어 두었던 감정을 꺼내요."

"얼마 전에 우리 학교에 심리 상담사 선생님께서 방문하셨어요. 몇 차례 강연과 수업이 있었는데, 그때 감정에 대하여 이야기하는 시간을 가졌어요. 선생님께서는 우리가 가진 여러 감정에 대하여 설명해 주셨어요. 어떤 감정이든 나쁜 게 아니라고 하셨어요. 견디기 힘든 감정도요. 그간 감당하기 어려웠던 감정들을 건강한 방식으로 다루는 방법에 대하여 생각해 보는 시간이 되었어요. 지금까지 내가 나의 감정을 억누르고 숨겨 왔구나 하고 깨달았어요. 또다시 감정을 억누르는 것 같다는 생각이 들면 일기를 써요. 일기는 감정을 밖으로 꺼내고 다시 좋은 기분이 들게 도와주는 것 같아요."

나만의 '나를 돌보는 습관' 만들기

여러분은 기분이 나쁠 때 무엇을 하나요? 어떤 일을 하면 기분이 좀 나아지나요? 마음의 건강을 위하여 나의 감정을 돌보는 습관을 만들어 보세요. 습관이라고 해서 별건 아니에요. 마음을 달래기 위해서 내게 효과가 있는 일을 몇 가지 하는 거예요. 내가 좋아하는 사람이나 믿을 수 있는 어른과 이야기를 나누고 따뜻한 물에 목욕을 하는 것, 밖에 나가서 가볍게

뛰고 돌아와서 일기를 쓰는 것 등등 여러분의 기분을 좋게 해 주는 건 무엇이든 가능해요.

기분이 좋지 않을 때 어떤 일을 하면 도움이 될까요? 여러분만의 '나를 돌보는 습관'에 대하여 적어 보세요.

_____

_____

_____

_____

나 자신을 칭찬하고 축하하기

여러분은 많은 장점을 가졌어요. 그중에는 다른 사람이 갖지 못한 특별한 장점도 있을 거예요. 기분이 울적할 때 나만의 장점을 떠올려 보세요.
오른쪽 페이지의 내용을 공책이나 다이어리에 옮겨 적고 빈칸을 채워 보세요. 따로 종이에 적은 뒤에 예쁘게 꾸며서 벽에 붙여 놓아도 좋아요!

이 세상에 딱 하나뿐인 나!

내가 가진 장점을 적어 보세요.

내가 잘하는 일에 대하여 적어 보세요.

나만의 특별한 장점이 무엇인지 적어 보세요.

나의 기분을 좋게 만들어 주는 것(일, 사람)에 대하여 적어 보세요.

내가 감사하게 생각하는 세 가지에 대하여 적어 보세요.

내가 나 자신을 존중할 수 있도록 도와주는 세 사람을 적어 보세요.

슈퍼 울트라 엄청나게 중요함!

> 모든 감정은 우리를 우리답게 만들어 준답니다. 사람이니까 다양한 감정을 느끼는 거예요. 불편한 감정이 찾아오더라도 괜찮아요. 다만, 그 상태에서 벗어나게 해 주는 나만의 습관이나 의식을 만들어 두세요. 건강한 삶을 위해서는 우리 몸뿐 아니라 마음의 건강도 챙겨야 해요. 여러분의 감정이나 마음의 건강도 몸의 건강만큼 소중히 여기고 돌보아 주세요!

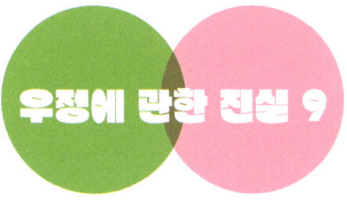

우정에 관한 진실 9

우리는 어떤 친구 관계를 맺을지를
스스로 선택할 수 있다.
우정은 계속 자란다.
건강한 선택을 하여
진실한 우정을 쌓아 나가자!

여러분의 몸과 마음은 지금도 자라고 있어요. 여러분이 친구들과 쌓아 가는 우정도 자라고 있답니다. 여러분의 소중한 우정이 건강하게 이어질 수 있도록 지금까지 배운 내용을 다시 살펴보세요. 특별히 마음에 와 닿는 내용은 여러 번 읽고 소감도 적어 보세요.

11장

우정에 관한 진실들

앞서 살펴본 내용을 통하여 친구를 사귀고 우정을 유지하려면 적지 않은 노력이 필요하다는 사실을 알게 되었을 거예요. 하지만 그만한 가치가 있어요. 진실한 우정은 우리 삶에 재미와 즐거움과 웃음을 더해 주지요. 좋은 친구는 우리를 지지하고 있는 그대로 받아들여요. 진실한 우정 안에서 우리는 진정한 우리 자신으로 존재할 수 있답니다.

우정에 관하여 그간 미처 깨닫지 못했던 사실도 많았을 거예요. 희망을 가져도 좋아요. 이번에 알게 된 진실들이 여러분이 진실한 우정, 건강한 친구 관계를 일궈 나갈 수 있도록 도와줄 테니까요. 시간이 흐른 뒤에도 여러분이 빠르게 기억을 떠올릴 수 있도록 중요한 내용을 모아 보았어요. 다음 페이지를 보세요.

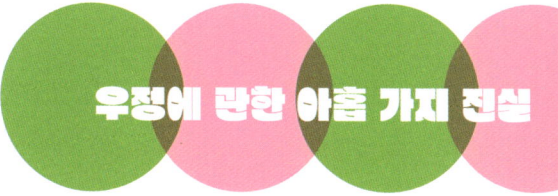

우정에 관한 아홉 가지 진실

♣ 우정에 관한 진실 1

건강한 관계는 편안하고 안전하며 서로를 인정한다.

♣ 우정에 관한 진실 2

누구나 배우는 속도가 다르다. 친구 관계 기술을 익히는 일도 그렇다.

♣ 우정에 관한 진실 3

진짜 친구, 진실한 우정은 원래 찾기가 어렵다. 어른이 되기까지 만나지 못할 수도 있다.

♣ 우정에 관한 진실 4

우정에는 여러 단계가 있다. 친구 관계는 시간이 흐르면서 달라지기도 한다.

♣ 우정에 관한 진실 5

좋은 친구가 될 수 있는 특성을 많이 가졌다고 해서 반드시 친구가 많은 것은 아니다. 친구가 엄청 많아도 그중에 꼭 좋은 친구가 있는 것도 아니다.

♣ 우정에 관한 진실 6

누구나 실수를 한다.

♣ 우정에 관한 진실 7

내가 무엇을 원하는지 친구가 알게 하려면 소리 내어 표현해야 한다.

♣ 우정에 관한 진실 8

친구 관계에서 문제가 생겼을 때는 자신이 옳다고 느끼는 방식으로 대처해야 한다.

♣ 우정에 관한 진실 9

우리는 어떤 친구 관계를 맺을지를 스스로 선택할 수 있다. 우정은 계속 자란다. 건강한 선택을 하여 진실한 우정을 쌓아 나가자!

💙 우정을 위한 또 다른 아이디어 💙

혼자 있는 순간을 위한 주머니

점심시간이나 쉬는 시간에 홀로 있는데, 뭘 해야 할지 몰랐던 적이 있다면 이렇게 한번 해 보세요. 가방에 작은 주머니를 따로 마련해서 좋아하는 책, 다이어리, 색연필 등 좋아하는 일을 할 수 있는 물건들을 넣어 두세요. 같이 놀 친구가 없다고요? 작은 주머니의 도움을 받아야 하는 순간이에요. 주머니 속 물건들을 꺼내서 좋아하는 일을 하며 시간을 보내 보세요.

놀이 아이디어 카드

친구와 함께 있을 때 재미있는 생각이 떠오르지 않아서 그저 시간만 보냈던 경험이 있나요? 뭘 해야 할지 정하는 데에 시간이 너무 많이 걸린다고요? 좋은 생각이 떠오를 때마다 작은 카드에 미리 적어 두세요. 친구와 함께 하고 싶은 일, 좋아하는 일을 적어 보세요. 늘 하던 일 말고 새로운 일도 꼭 적어 보세요. 다음에 친구들하고 뭘 할지 떠오르지 않을 때 카드를 뽑아 보면 어떨까요?

공평하게 정하는 법

여러 친구가 함께 모여 있을 때 의견이 너무 많아서 하나로 모으기 어렵다면 아래를 참고해 보세요.

- **다수결을 따르기** : 손을 들거나 쪽지에 적는 방법으로 투표를 해서 가장 많은 표가 나온 쪽으로 결정한다.
- **돌아가면서 정하기** : 사람이 적은 무리에서 할 수 있는 방법이다. 매일 한 사람씩

돌아가면서 결정한다. 예를 들어 '월요일과 수요일에는 미정이가, 화요일과 금요일에는 주희가, 목요일과 토요일에는 은서가' 정한다.

- **나누어서 여러 가지를 하기** : 시간을 똑같이 나누어서 각자 하고 싶어 하는 일을 짧게 다 한다. 예를 들어 '30분은 축구, 30분은 농구'를 한다.

모든 친구 관계는 오르락내리락해요. 사이가 좋을 때도 있고 나쁠 때도 있어요. 시간에 따라 달라지기도 하고요. 여러분이 정말로 마음대로 할 수 있는 것은 자기 자신뿐이에요. 어떤 친구를 사귀고 싶은가요? 여러분이 할 수 있는 일은 여러분 자신이 바로 그런 친구가 되는 거랍니다. 이 책을 자주 꺼내 보세요. 친구 관계에서 어려움을 겪을 때마다 어디로 가야 할지 안내해 줄 거예요.

부록 독후 활동을 위한 질문

♥ **2장을 읽고 나서** : 건강한 친구 관계를 맺기 위한 기술들을 알아보았어요. 이 책에 나온 기술들 중 더 쉽게 느껴지거나 어렵게 느껴지는 것이 있었나요? 어떤 것이 그랬나요?

♥ **3장을 읽고 나서** : 우정 피라미드를 보면 친구 관계도 사람도 변할 수 있고, 친구 사이의 오해가 생각보다 흔하다는 사실을 알게 돼요. 최근에 우정 피라미드에서 위나 아래로 옮겨 간 친구 관계가 있는지 생각해 보세요. 이러한 변화에 대하여 여러분은 어떻게 반응했는지 이야기해 보세요. 변화를 쉽게 받아들일 수 있었나요? 아니면 많이 힘들었나요?

♥ **5장을 읽고 나서** : 이 책에서는 우리가 어떤 감정을 겪든 다 괜찮다고 했어요. 불편한 감정일지라도요. 화나 슬픔 같은 불편한 감정을 겪었던 경험을 떠올려 보세요. 그때 자기 자신을 돌보기 위하여 어떤 일을 했나요?

♥ **6장을 읽고 나서** : 친구에게 서운한 일이 있을 때 소리 내어 표현하기가 쉬운 편인가요? 그렇지 않고 어렵다면 왜 그럴까요? 왜 친구에게 속마음이나 생각을 말하기가 어려울까요? 만약 친구에게 어려운 이야기를 한 적이 있다면 대화를 하는 과정에서 무엇을 배웠나요?

♥ **8장을 읽고 나서 ①** : 사람들은 갈등과 괴롭힘을 혼동하곤 해요. 여러분의 학교에서는 갈등이 흔한 편인가요? 괴롭힘은 어떤가요?

♥ **8장을 읽고 나서 ②** : 여러분이나 주변 친구들은 학교나 온라인상에서의 괴롭힘을 경험하거나 발견했을 때 어떻게 대처해야 하는지 알고 있나요? 어떤 일이 도움이 될까요?

♥ **9장을 읽고 나서** : 새 친구 사귀기는 까다로운 일이에요. 새 친구를 사귀었던 경험에 대하여 함께 이야기를 나눠 보세요. 어디에서 어떻게 친구를 만났나요?

♥ **11장을 읽고 나서 ①** : 11장에서는 이 책에 나온 '우정에 관한 진실'을 모아서 다시 보았어요. 특별히 도움이 된 진실이 있다면 어느 것인가요? 이유도 이야기해 보세요.

♥ **11장을 읽고 나서 ②** : '우정에 관한 진실'에 하나를 더한다면 어떤 내용일까요? 여러분이 발견한 우정에 관한 진실을 적어 보세요.

♥ **11장을 읽고 나서 ③** : 이 책에 나온 '우정에 관한 진실' 가운데에 조금 더 일찍 알았더라면 하고 생각한 것이 있다면 무엇인가요? 왜인가요?

건강한 마음, 행복한 삶
잇츠북 출판사의 마음 Pick! 시리즈
∙∙∙∙∙∙∙∙∙∙∙∙∙∙∙∙∙∙∙∙∙∙∙∙∙∙∙∙

① 내 마음이 잘 지냈으면 좋겠어
케이티 헐리 글, 인디 그림, 조연진 옮김, 178쪽, 14800원

② 나의 미래니까, 나답게
조셉 V. 치아로키, 루이즈 L. 헤이즈 글, 지효진 그림, 김정은 옮김, 213쪽, 15800원

③ 오늘 난, 행복을 만나요
리디아 하우엔실트 글, 유영미 옮김, 106쪽, 14800원